9 juin 1909

— marqué PN

COLLECTIONS

FÉLIX DOISTAU

EXEMPLAIRE DE H STETTINER

COLLECTIONS

FÉLIX DOISTAU

PREMIÈRE VENTE

Juin 1909

CONDITIONS DE LA VENTE

Elle sera faite au comptant.

Les adjudicataires paieront *dix pour cent* en sus des adjudications.

Les expositions particulière et publique permettant au public de se rendre compte de l'état et de la nature des objets, il ne sera admis aucune réclamation une fois l'adjudication prononcée.

Les mesures figurant au catalogue sont approximatives et données à titre d'indication.

Paris — Imp. Georges Petit, 12, rue Godot-de-Mauroi. — 19682-09.

CATALOGUE

DES

TABLEAUX & PASTELS

DESSINS, GOUACHES & AQUARELLES

Principalement de l'École Française du XVIIIe siècle

ŒUVRES DE

Aved, L. Boilly, F. Boucher, Carmontelle, Casanova, Chodowiecki, Coypel, Danloux, Debucourt
Demachy, Desportes, Drolling, Drouais Père et Fils, Duplessis, Eisen le Père, H. Fragonard, Mlle Gérard
Greuze, Guardi, Mme Guiard-Labille, Hoin, Hubert-Robert, J.-B. Huet, Lajoue, Largillière,
Latour, Mlle Ledoux, X. Leprince, Leriche, Moreau le Jeune, Ollivier, J.-B. Oudry, Perronneau, Queverdo, Roslin
G. de Saint-Aubin, Sauvage, Mme Vallayer-Coster, Van Loo, Van Spaendonck
Mme Vigée-Lebrun, A. Watteau, Watteau (de Lille), etc.

ESTAMPES ANGLAISES & FRANÇAISES DU XVIIIE SIÈCLE

Imprimées en noir et en couleurs

PAR OU D'APRÈS

Alix, Bartolozzi, Bonnet, Cosway, Dagoty, Debucourt, Dutailly, Hoppner
Janinet, Lawreince, Moreau le Jeune, Peters, Regnault, Reynolds, G. de Saint-Aubin
Smith, Taunay, Van Huysum, A. Watteau, etc.

OBJETS D'ART & D'AMEUBLEMENT

Bustes en marbre et terre cuite par PAJOU

Belle Orfèvrerie d'or et d'argent du XVIIIe siècle

BRONZES D'AMEUBLEMENT : PENDULES, CANDÉLABRES, CHENETS, ETC.

Porcelaines montées — Cadres en bois sculpté — Objets divers

Sièges et Meubles en bois sculpté et en ébénisterie du XVIIIe siècle

AMEUBLEMENTS DE SALON EN ANCIENNE TAPISSERIE

Tableaux en ancienne tapisserie ou Savonnerie, etc.

LE TOUT DÉPENDANT DES

Collections de M. FÉLIX DOISTAU

ET DONT LA PREMIÈRE VENTE AURA LIEU A PARIS

GALERIE GEORGES PETIT, 8, Rue de Sèze

Les Mercredi 9, Jeudi 10 et Vendredi 11 Juin 1909, à 2 heures

---

COMMISSAIRE-PRISEUR : **Me F. LAIR-DUBREUIL**, 6, rue Favart.

EXPERTS

MM. PAULME & B. LASQUIN FILS		**MM. DUCHESNE & DUPLAN**
10, rue Chauchat	12, rue Laffitte	10, rue Rossini, 10

EXPOSITIONS { PARTICULIÈRE : *Le Lundi 7 Juin 1909, de 1 heure 1/2 à 6 heures.*
PUBLIQUE : *Le Mardi 8 Juin 1909, de 1 heure 1/2 à 6 heures.*

ORDRE DES VACATIONS

Le Mercredi 9 Juin 1909, à 2 heures.

Tableaux	Nos	1	à	87
Pastels		88	à	94
Dessins		95	à	125

Le Jeudi 10 Juin 1909, à 2 heures.

Estampes	Nos	126	à	192
Orfèvrerie		220	à	261

Le Vendredi 11 Juin 1909, à 2 heures.

Cadres	Nos	193	à	219
Objets variés		269	à	283
Porcelaines montées		284	à	292
Sculptures		262	à	268
Bronzes d'ameublement		293	à	308
Meubles en bois sculpté		309	à	317
Meubles d'ébénisterie		318	à	332
Sièges divers		333	à	344
Ameublements de salon, écran en tapisserie		345	à	347
Tableaux en tapisserie		348	à	350

Tableaux Anciens

PRINCIPALEMENT

DE L'ÉCOLE FRANÇAISE DU XVIIIe SIÈCLE

AVED

(JACQUES)

Douai, 1702-1766.

1 — *Portrait de dame.*

Assise, vue à mi-corps et de face, elle est vêtue d'une élégante robe à rayures et fleurs blanches garnie de plissés et de rubans roses; un fichu de dentelle recouvre en partie sa poitrine. Elle est occupée à broder sur un métier posé sur ses genoux.

Toile. Haut., 98 cent.; larg., 78 cent.

Cadre ancien Louis XVI, à nœud de ruban, en bois sculpté doré.

BILCOQ

(MARIE-MARC-ANTOINE)

Paris, 1755-1838.

2 — *La Toilette.*

Dans une mansarde, une jeune élégante à sa toilette ajuste son chapeau, pendant qu'un militaire, fumant sa pipe, converse avec elle.

Signé en bas, à droite.

Toile. Haut., 23 cent.; larg., 30 cent.

BOILLY

(LOUIS-LÉOPOLD)

La Bassée, 1761-1845.

3 — *Portrait d'Elleviou.*

Artiste du théâtre de l'Opéra-Comique National, représenté dans le costume de son rôle dans la jolie pièce du *Prisonnier*.

Signé en bas, à gauche.

Panneau. Haut., 52 cent. ; larg., 40 cent.

Voir : *L.-L. Boilly, peintre, dessinateur et lithographe*, sa vie et son œuvre, suivi d'un catalogue de ses œuvres, par Henry Harrisse. Le tableau s'y trouve décrit sous le n° 16.

Salon de l'an VI (1798), n° 41.

Vente Pillon (1806).

Vente Bressant (1880).

Exposition théâtrale à l'Union Centrale des Arts Décoratifs (1908), n° 444.

BOILLY

(LOUIS-LÉOPOLD)

4 — *Pêches et raisins.*

Signé en bas, à droite.

Toile. Haut., 37 cent.; larg., 44 cent.

Cadre ancien en bois sculpté doré.

Cité dans l'ouvrage de H. Harrisse, sous le n° 280.

BOILLY

(LOUIS-LÉOPOLD)

5 — *La Jeune artiste.*

Debout, vêtue d'une robe blanche, elle prend un dessin dans un portefeuille posé sur un fauteuil : au fond, des plâtres éclairés par une lampe attachée au mur ; à gauche, une toile sur un chevalet.

Toile. Haut., 40 cent.; larg., 32 cent.

Cadre ancien en bois sculpté doré.

Cité dans l'ouvrage de H. Harrisse, sous le n° 340.

BOILLY

(LOUIS-LÉOPOLD)

6 — *La Partie de dames.*

Dans un intérieur, un homme en habit marron du temps du Directoire, fait une partie de dames avec une jeune fille assise devant lui ; à sa gauche, sa femme, jeune encore, accoudée à un guéridon, et tenant un enfant endormi, regarde.

Toile. Haut., 36 cent. ; larg., 45 cent.

Cité dans l'ouvrage de H. Harrisse, sous le n° 428.

Vente Hulot (mai 1892).

Exposition rétrospective de la Ville de Paris (1900), n° 29.

BOILLY

(LOUIS-LÉOPOLD)

7 — *Portrait de Chenard, dans le rôle du* Déserteur.

Il est représenté de trois quarts à mi-corps, le casque de dragon sur la tête, le sabre passé sous le bras. Ce tableau a dû être peint peu après 1783, année où Simon Chenard, basse-taille célèbre, obtint un si grand succès dans cet opéra-comique de Monsigny, à la Comédie Italienne, représenté pour la première fois en 1769.

Ce tableau proviendrait originairement de Simone Chenard, sa fille, morte à un âge extrêmement avancé, il y a une trentaine d'années, dans un modeste logis du quartier des Gobelins et en possession de nombreux tableaux et dessins vendus sans publicité.

Œuvre très importante de l'artiste.

Toile. Haut., 82 cent. ; larg., 62 cent.

Cité dans l'ouvrage de H. Harisse, sous le n° 689.

Exposition rétrospective de la Ville de Paris (1900), n° 28.

Exposition théâtrale à l'Union centrale des Arts décoratifs (1908).

BOILLY

(LOUIS-LÉOPOLD)

8 — *Portrait de Mme Tallien.*

Dans un paysage, elle est assise sur la margelle d'une fontaine, tête nue, en robe blanche, décolletée, les mains croisées, brune de cheveux et les yeux brun clair. Le visage est d'une grande finesse.

Signé.

Panneau. Haut., 52 cent.; larg., 42 cent.

Cité dans l'ouvrage de H. Harrisse, sous le n° 819.

Cadre ancien Louis XVI, en bois sculpté, partiellement doré.

Exposition rétrospective de la Ville de Paris (1900), n° 28 bis.

BONINGTON

(RICHARD PARKES)

D'après H. RIGAUD.

9 — *Portrait d'un prince.*

En pied, en grand costume de cour.

Esquisse.

Toile. Haut., 38 cent.; larg., 25 cent.

Beau cadre ancien Louis XIV, en bois sculpté doré, à fleurs de lis avec le monogramme du roi.

BOUCHER

(FRANÇOIS)

Paris. 1704-1770.

10 — ***Vénus demande à Vulcain des armes.***

Esquisse peinte en grisaille.

Toile. Haut., 48 cent.; larg., 73 cent.

Cadre ancien Louis XVI, en bois sculpté doré.

Vente Leroux (1896).

BOUCHER

(FRANÇOIS)

11 — ***Apollon et les Muses.***

Esquisse peinte en grisaille.

Toile. Haut., 60 cent.; larg., 31 cent.

Cadre ancien en bois sculpté doré.

Vente Leroux (1896).

CARMONTELLE

(LOUIS CARROGIS, dit DE)

Paris. 1717-1806.

12 — ***La Visite à l'accouchée.***

Charmante petite composition à cinq personnages.

Toile. Haut., 15 cent. 1/2; larg., 19 cent.

CASANOVA

(FRANÇOIS-JOSEPH)

Londres, 1730-1805.

13 — *Combat de cavaliers.*

Au premier plan, à droite, un porte-étendard sur un cheval blanc est aux prises avec un cavalier ennemi et défend son trophée. Dans le fond, cavaliers au galop dans un nuage de poussière.

Toile. Haut., 50 cent.; larg., 92 cent.

Cadre ancien Régence en bois sculpté doré, à moulure ornée.

COYPEL

(CHARLES)

Paris, 1694-1752.

14 — *Portrait de femme.*

Elle est vue de face, en buste, vêtue d'une robe au corsage bordé de fourrure. Un collier et des boucles ornent son cou et ses oreilles ; chevelure poudrée, parée de fleurs.

Toile ovale. Haut., 60 cent.; larg., 48 cent.

DANLOUX

(HENRI-PIERRE)

Paris, 1753-1809.

DEUX PENDANTS.

15 — *Portraits d'homme et de femme.*

Charmantes petites peintures.

Panneaux ovales. Haut., 28 cent.; larg., 22 cent.

DEBUCOURT

(PHILIBERT-LOUIS)

Paris, 1755-1832.

16 — *Le Bateleur.*

Dans un paysage, aux portes d'une ville, un bateleur, monté sur une estrade, exécute des tours d'adresse aux yeux émerveillés d'une foule de villageois.

Délicieux petit tableau du maître, dont les œuvres très rares sont si recherchées.

Georges Heine

Panneau. Haut., 24 cent.; larg., 30 cent.

C'est probablement ce tableau qui faisait partie de la vente Montullé, en 1783, cité par E. et J. de Goncourt.

Cadre ancien Louis XVI, en bois sculpté doré.

DE MACHY

(PIERRE-ANTOINE)

Paris, 1723-1807.

17 — *Une salle de vente publique.*

Deux crieurs se promènent sur une grande table éclairée par des lustres, présentant des tableaux à un nombreux public assis ou monté sur des chaises. Des peintures sont accrochées aux murs. Vers le fond, quatre colonnes de pierre limitent un magasin où des toiles sont empilées.

Toile. Haut., 22 cent; larg., 32 cent.

Strauss

Cadre ancien Louis XV, en bois sculpté doré.

Collection G. Mülhbacher (1907).

5.700

DE MACHY

(PIERE-ANTOINE)

18 — *L'Abreuvoir.*

Petits personnages dans un édifice antique en ruine.

Toile. Haut., 27 cent.; larg., 21 cent.

Cadre ancien en bois sculpté doré.

DE MACHY

(PIERRE-ANTOINE)

19 — *Ruines de monuments antiques animées de personnages.*

Petit panneau ovale. Haut., 13 cent.; larg., 17 cent.

DESPORTES

(A.-FRANÇOIS)

Champigneul, 1661-1743.

20 — *Nature morte.*

Sur une table qu'une nappe recouvre en partie, on voit, auprès d'un panier d'huîtres, deux plats d'argent, une boîte à épices, une carafe et un verre.

Signé et daté.

Toile. Haut., 64 cent.; larg., 80 cent.

Beau cadre ancien Louis XV, en bois sculpté doré.

DORTU

(N.)

XVIIIe siècle.

21 — ***Portrait de jeune femme.***

En buste, de profil, les épaules couvertes d'un fichu de gaze, la tête ornée d'une coiffe de mousseline.

Signé en toutes lettres et daté : *1786*, en bas à gauche.

Toile ovale. Haut., 63 cent.; larg., 53 cent.

Cadre ancien Louis XVI, en bois sculpté doré avec fronton à couronne de roses et guirlandes de laurier.

DROLLING

(MARTIN)

1752-1817.

DEUX PENDANTS

22 — ***Scènes rustiques.***

Toiles. Haut., 17 1/2 cent.; larg., 15 cent.

Beaux cadres anciens Louis XIV, en bois sculpté doré.

DROLLING

(Mlle LOUISE-ADÉONE)

Paris, 1797- (?)

23 — ***Portrait d'enfant.***

En costume bleu à boutons d'or.

Signé à gauche en toutes lettres et daté : *1815*.

Toile. Haut., 40 cent.; larg., 32 cent.

DROUAIS le Père

(HUBERT)

La Roque, 1699; Paris, 1767.

24 — ***Portraits de deux jeunes enfants.***

Dans un intérieur, une petite fille en robe rose et sa sœur, assises auprès d'une table, s'amusent à faire la dînette. Une poupée est du festin : des jouets sont éparpillés à terre. Fond de draperie.

Toile. Haut., 90 cent.; larg., 75 cent.

Cadre ancien Louis XV, en bois sculpté doré.

DROUAIS le Fils

(FRANÇOIS-HUBERT)

Paris, 1727-1775.

25 — ***Portrait d'Hérault de Séchelles enfant.***

A mi-corps, vêtu d'un habit blanc de Pierrot, avec collerette de dentelle, il est coiffé d'un chapeau à larges bords franchement relevé.

Très gracieux portrait.

Toile ovale. Haut., 69 cent.; larg., 57 cent.

Cadre ancien Louis XVI ovale, avec fronton fait d'un nœud de ruban retenant des fleurs.

DUPLESSIS

(JOSEPH-SIFREIN)

1725-1802

26 — *Portrait de Glück.*

Représenté assis auprès d'un bureau, appuyé sur une pile de livres ; il est vêtu d'une robe de chambre, un foulard autour du cou.

Toile. Haut., 85 cent.; larg., 70 cent.

Cadre ancien en bois sculpté doré.

Vente Alexandre Dumas.

EISEN le Père

(FRANÇOIS)

XVIIIe siècle.

27 — *Le Petit espiègle.*

Composition connue par la gravure.
Signé et daté : *1776.*

Toile. Haut., 24 cent.; larg., 32 cent.

Cadre ancien en bois sculpté doré.

EISEN le Père

DEUX PENDANTS.

28 — *Déguisements enfantins.*
La Malice enfantine.

Deux spirituelles compositions gravées par N. Dupuis.
Signées et datées : *1762.*

Panneaux. Haut., 25 cent. 1/2; larg., 20 cent.

Cadres anciens en bois sculpté doré.

ÉCOLE ANGLAISE

XVIIIe siècle.

29 — *Portrait de jeune femme.*

Représentée assise, à mi-corps, en robe blanche avec ceinture bleue, et tenant à la main un livre.

Toile. Haut., 36 cent.; larg., 31 cent.

ÉCOLE FRANÇAISE

XVIIIe siècle.

30 — *Portrait d'un jeune garçon.*

En habit vert, gilet chamois et col de chemise ouvert, il est vu en buste, coiffé d'un chapeau mou à nœud de ruban noir.

Toile ovale. Haut., 54 cent.; larg., 46 cent.

ÉCOLE FRANÇAISE

XVIIIe siècle.

31 — *Portrait d'une jeune femme.*

Elle est assise, vue de trois quarts à droite, les mains dans son manchon; elle est vêtue d'une robe au corsage décolleté et porte un ruban autour du cou.

Toile. Haut., 72 cent.; larg., 55 cent.

Cadre en bois sculpté doré.

ÉCOLE FRANÇAISE

XVIIIe siècle.

32 — *La Causerie.*

1020 Oulmont

Composition de trois personnages réunis dans un salon.

Panneau. Haut., 18 cent. 1/2; larg., 26 cent.

ÉCOLE FRANÇAISE

XVIIIe siècle.

33 — *Portrait de jeune fille.*

500 Decour

En buste, vêtue d'un corsage et coiffée d'un chapeau à ruban bleu.

Cuivre. Haut., 10 cent.; larg., 8 cent.

Cadre ancien Louis XIV, en bois sculpté doré.

ÉCOLE FRANÇAISE

XVIIIe siècle.

34 — *Le Modèle.*

12500 Wildenstein

Scène d'intérieur. Dans un atelier, une jeune artiste, la palette à la main, converse avec une amie en présence de son modèle.

Toile. Haut., 40 cent.; larg., 32 cent.

ÉCOLE FRANÇAISE

XVIIIe siècle.

35 — *Portrait d'homme.*

Il se dissimule derrière un écran; la tête seule apparaît, ainsi que l'extrémité des mains.

Toile. Haut., 45 cent. 1/2; larg., 37 cent. 1/2.

Cadre ancien en bois sculpté doré.

ÉCOLE HOLLANDAISE

Fin du XVIIe siècle.

DEUX PENDANTS

36 — *Paysages maritimes animés de navires et de petits personnages.*

Cuivres ronds. Diam., 20 cent.

Cadres anciens Louis XIII en bois sculpté doré.

FRAGONARD

(JEAN-HONORÉ)

Grasse, 1732; Paris, 1806.

37 — *Portrait d'homme inconnu.*

Vu de trois quarts à droite, il est vêtu d'un habit gris, les cheveux poudrés, les mains croisées.

Toile. Haut., 64 cent.; larg., 51 cent.

Cadre ancien en bois sculpté doré.

Exposition Chardin-Fragonard (1907).

FRAGONARD

(JEAN-HONORÉ)

38 — *La Visitation de la Vierge.*

Sainte Élisabeth se prosterne devant la Vierge, qui s'avance vers elle pour la relever ; dans les nuages voltigent des têtes de chérubins ailés.

Panneau. Haut., 24 cent ; larg., 32 cent.

Cadre ancien en bois sculpté doré.

Vente Alexandre Dumas.
Exposition Chardin-Fragonard (1907).

Nota. — Un dessin du maître, de la même composition, se trouve à la Bibliothèque de l'École Polytechnique et a figuré à la même exposition.

FRAGONARD

(JEAN-HONORÉ)

39 — *Une Bacchante.*

Elle est étendue dans une pose abandonnée, se grisant au bruit des cymbales : à son côté, un enfant bacchant repose.

Toile marouflée. Haut., 20 cent.; larg., 25 cent.

Cadre ancien Louis XV, en bois sculpté doré.

FRAGONARD

(JEAN-HONORÉ)

40 — *Jupiter et Léda.*

Toile. Haut., 22 cent.; larg., 30 cent.

Très beau cadre ancien Louis XV, en bois finement sculpté, ajouré et doré.

FRAGONARD

(JEAN-HONORÉ)

41 — *Le Pot au lait.*

Composition connue par la gravure de Ponce.
Peinture sur parchemin de forme ovale.

Haut., 54 cent.; larg., 64 cent.

FRAGONARD

(JEAN-HONORÉ)

42 — *Paysage avec terrasse à l'italienne.*

Au premier plan, à droite, des paysans ; à gauche, une statue sur un piédestal profile sa silhouette sur un ciel nuageux annonçant l'orage prochain. Au fond, le mur d'une terrasse plantée de grands arbres ; dans le lointain, une ville.

Toile. Haut., 49 cent.; larg., 61 cent.

Cadre ancien Louis XVI, en bois sculpté doré

Collection Walferdin.

FRAGONARD

(JEAN-HONORÉ)

43 — *Les Enfants de Niobé.*

Esquisse.

Toile. Haut., 44 cent.; larg., 36 cent.

Cadre ancien en bois sculpté doré.

GÉRARD

(Le Baron)

Rome, 1770; Paris, 1837.

44 — *Portrait de Mlle Duchesnois (Catherine-Joséphine).*

Tragédienne, sociétaire de la Comédie-Française.
Elle est représentée en Diane.

Toile. Haut., 64 cent.; larg., 54 cent.

Exposition rétrospective (1900).
Exposition théâtrale à l'Union Centrale des Arts décoratifs (1908).

GÉRARD

(Mlle MARGUERITE)

Grasse, 1761; Paris, 1837.

45 — *Portrait de Ledoux, architecte.*

Il est debout, un poing sur la hanche, la main droite appuyée sur une table où sont étalés des plans.

En habit rayé, gilet jaune, culotte noire serrée sur des bas blancs, il regarde de face le spectateur. A droite, des planches à dessin.

Signé à gauche, en toutes lettres.

Panneau. Haut., 21 cent.; larg., 17 cent.

Collection G. Mühlbacher (1907).

GÉRARD

(Mlle MARGUERITE)

46 — *L'Architecte Ledoux et sa famille.*

Il est assis, tenant sur son genoux son jeune fils et corrige un plan déployé devant lui; sa femme enlace du bras droit son fils aîné.

Charmante composition.

Panneau. Haut., 29 cent.; larg., 22 cent.

GREUZE

(JEAN-BAPTISTE)

Tournus, 1725; Paris, 1806.

47 — *L'Enfant blond.*

Représenté en buste, de profil, la tête de trois quarts, il est vêtu d'un habit vert avec col de linon; les cheveux blonds retombent en boucles soyeuses sur les épaules, le regard expressif fixe le spectateur.

Œuvre charmante, du sentiment le plus délicat.

Toile. Haut., 40 cent; larg., 31 cent.

Beau cadre ancien Louis XIV, en bois très finement sculpté, ajouré et doré.

GUARDI

(FRANCESCO)

Venise, 1712-1793.

48 — *Vue de Venise.*

Composition animée de personnages.

Toile. Haut., 42 cent.; larg., 34 cent.

Cadre ancien de la Régence, en bois sculpté doré.

GUARDI

(FRANCESCO)

DEUX PENDANTS

49 — *Paysages des environs de Venise.*

Cartons. Haut., 11 cent.; larg., 16 cent.

GUIARD

(Mme ADÉLAIDE LABILLE)

Paris, 1749-1803.

50 — ***Portrait d'une jeune femme.***

Vêtue d'une robe à rayures bleues et coiffée d'un large chapeau orné de rubans, elle tient à la main un livre ouvert.

Toile ovale. Haut., 72 cent.; larg., 57 cent.

Cadre ancien, en bois sculpté doré.

HUBERT-ROBERT

Paris, 1733-1808.

51 — ***Le Débarcadère.***

L'artiste, par fantaisie, a placé sur les bords du Tibre le Panthéon, entre les deux palais du Capitole. S'approchant du quai, une barque ornée d'un pavillon et de riches tentures va débarquer des promeneurs.

Charmante composition, animée de nombreuses et spirituelles petites figures, d'une tonalité blonde et ambrée.

Signé et daté : *1782*.

Panneau. Haut., 26 cent.; larg., 43 cent.

Cadre ancien Louis XVI, en bois sculpté doré.

HUBERT-ROBERT

52 — *Pont accédant à un palais.*

Au bord de la rivière, des bateliers et des lavandières; se détachant sur le ciel doré par le soleil couchant, la silhouette d'une statue équestre.

Signé et daté, en bas, à gauche.

Toile. Haut., 49 cent.; larg., 76 cent.

Cadre ancien Louis XVI, en bois, avec appliques en plomb doré.

HUBERT-ROBERT

53 — *L'Arc de Titus, à Rome.*

Vue d'une partie du Forum romain animé de petits personnages.

Panneau. Haut., 25 cent.; larg., 20 cent.

Cadre ancien Louis XVI, en bois sculpté doré.

HUBERT-ROBERT

54 — *Lavandières.*

Au fond d'une galerie d'un palais en ruine, derrière une muraille, des lavandières lavent ou étendent du linge sur des cordes tendues.

Toile. Haut., 41 cent.; larg., 32 cent.

Cadre ancien Louis XV, en bois sculpté doré.

HUBERT-ROBERT

55 — *L'Arc de triomphe.*

Au-dessous d'une porte monumentale et formant son soubassement, une fontaine qu'animent des lavandières et personnages divers.

Toile. Haut., 23 cent.; larg., 44 cent.

Cadre ancien Louis XVI, en bois sculpté doré.

LAJOUE

(JACQUES DE)

Paris, 1687-1761.

56 — *La Chapelle d'un palais.*

Composition animée de petites figures.
Signé et daté : *1736.*

Toile. Haut., 58 cent.; larg., 69 cent.

Cadre ancien en bois sculpté doré.

LARGILLIÈRE

(NICOLAS DE)

Paris, 1656-1746.

57 — *Portrait de l'acteur Grandval.*

Toile ovale. Haut., 71 cent.; larg., 57 cent.

Beau cadre ancien Louis XVI, en bois sculpté et doré, à rais de cœur, oves, feuilles et ruban.

LARGILLIÈRE (?)

(NICOLAS DE)

58 — ***Le Festin du sacre.***

Dans la vaste salle d'un palais, le jeune roi Louis XV est à table, entouré de sa cour et des grands dignitaires du royaume. Dans une tribune, les dames d'honneur. Au centre, entre deux rangées de tables, se déroule le cortège des sujets de Sa Majesté, venant, précédés de fanfares et conduits par les pages, présenter leurs félicitations au jeune monarque.

Très intéressante peinture.

Toile. Haut., 43 cent.; larg., 68 cent.

Cadre ancien en bois sculpté doré.

LATOUR (?)

(MAURICE-QUENTIN DE)

Saint-Quentin, 1704-1788.

59 — ***Portrait d'homme.***

Vu de face, en buste, vêtu d'un habit brun, coiffé d'une perruque poudrée.

Œuvre très intéressante par la largeur de l'exécution, rappelant la manière du maître pastelliste.

Toile. Haut., 43 cent.; larg., 34 cent.

LAWREINCE

(D'après NICOLAS)

1737-1807.

60 — ***La Sentinelle en défaut.***

Composition bien connue par la gravure de Darcis.

Toile. Haut., 24 cent.; larg., 19 cent.

Cadre ancien en bois sculpté doré.

LEDOUX

(Mlle J.-PHILIBERTE)

Paris, 1767-1840.

61 — ***La Jeune artiste.***

Dans un atelier, une jeune fille est assise devant son chevalet, la tête tournée vers le spectateur ; à gauche se voient : un guéridon, un carton à gravures et des modèles en plâtre.

Panneau. Haut., 23 cent. 1/2; larg., 19 cent.

LEPRINCE

(XAVIER)

Paris, 1799; Nice, 1826.

DEUX PENDANTS

62 — ***Le Départ de la diligence.***

L'Arrivée de la diligence.

Deux spirituelles petites compositions, animées de figures aux attitudes pittoresques.

Signées et datées : *1819.*

Toiles. Haut., 11 cent. ; larg., 18 cent.

Collection Miallet.

Collection G. Mühlbacher (1907).

LERICHE

XVIIIe siècle.

63 — ***Vase de fleurs sur une console de pierre.***

Signé et daté : *1812.*

Toiles. Haut., 46 cent.; larg., 36 cent.

Cadre ancien Louis XVI, en bois sculpté doré.

LERICHE

DEUX PENDANTS

64 — ***Vases remplis de fleurs, posés sur des consoles.***

Panneaux. Haut., 45 cent.; larg., 57 cent.

Cadres anciens en bois sculpté doré.

MOREAU l'Aîné

(LOUIS-GABRIEL)

Paris, 1740-1806.

65 — ***Paysage avec chute d'eau et petits personnages.***

Signé à droite des initiales.

Panneau. Haut., 19 cent.; larg., 25 cent.

Cadre ancien Louis XVI, en bois sculpté doré, estampillé : *Infroit.*

OLLIVIER

(MICHEL-BARTHÉLEMY)

Marseille, 1712; Paris, 1784.

66 — ***Le Salon d'une dame de qualité.***

Dans un salon richement décoré, la dame de céans est assise sur un canapé à haut dossier tenant un livre qu'elle parcourt nonchalamment, pendant qu'un jeune abbé galant, placé près d'elle, fait mouvoir un rouet. D'autres personnages : jeunes seigneurs, femmes élégantes et servantes affairées paraissent s'intéresser à la scène.

Charmante composition de dix figures d'un petit maître du XVIIIe siècle dont les œuvres fort rares sont très appréciées.

Toile. Haut., 43 cent.; larg., 46 cent.

Cadre ancien de la Régence en bois sculpté doré.

OUDRY

(JEAN-BAPTISTE)

Paris, 1686; Beauvais, 1755.

67 — *Chasse au cerf, à Franchard, dans la forêt de Fontainebleau.*

Le roi Louis XV, accompagné de sa suite, arrive au moment où le cerf va être forcé par les chiens. Dans le coin de la composition, à droite, on remarque l'artiste dessinant la scène.

Esquisse du maître pour un carton d'une tapisserie exécutée à la Manufacture royale des Gobelins, faisant partie de la tenture : *les Chasses du Roi Louis XV*. (Consulter : *État général des Tapisseries de la Manufacture des Gobelins*, par M. Fenaille, t. II).

Signé et daté : *1737*.

Le carton original se trouve actuellement au château de Fontainebleau.

Toile. Haut., 47 cent.; larg., 96 cent.

Nota. — Un dessin du maître, représentant la même composition, daté de 1733, figurait à une vente d'objets d'art et tableaux en novembre 1907 (Me Lair-Dubreuil et MM. Paulme et Lasquin).

RENOU

(ANTOINE)

Paris, 1731-1806.

68 — *Instruments de musique.*

Suite de quatre peintures décoratives pour dessus de portes. Signées et datées.

Toiles. Haut., 1 m. 10; larg., 72 cent.

RICCI

(SÉBASTIEN)

Bellune, 1662-1734.

69 — *L'Assomption de la Vierge.*

Toile. Haut., 95 cent.; larg., 52 cent.

Cadre ancien Louis XVI, en bois sculpté doré.

ROSLIN

(ALEXANDRE)

Malmoë, 1718; Paris, 1793.

70 — *Portrait d'une jeune fille.*

Elle est vue à mi-corps, de face, tenant des fleurs dans ses deux mains.

Bon et gracieux portrait.

Signé en toutes lettres et daté en bas, à gauche.

Toile. Haut., 59 cent. ; larg., 49 cent.

Cadre ancien Louis XV, en bois sculpté doré.

SAINT-AUBIN (?)

(GABRIEL DE)

Paris, 1724-1780.

71 — *La Plaine des Sablons.*

Elle est occupée par le campement des troupes de la Maison du Roi.

Au premier plan, des carrosses escortés de cavaliers ; plus loin, des barraquements élevés sur un monticule. A gauche, des saltimbanques font la parade devant un nombreux public.

Les Parisiens se promènent de toutes parts ; quelques-uns assis en maints endroits, d'autres prenant leur repas ou s'occupant à différents jeux.

Au fond, et au-dessus des tentes, on aperçoit les collines d'Orgemont et de Sannois.

Très spirituelle peinture marouflée.

Haut., 27 cent.; larg., 63 cent.

Cadre en bois sculpté doré.

Collection L. Decloux (mars 1889).
(Catalogué comme œuvre de Swebach.)

SAUVAGE

(PIAT-JOSEPH)

Tournai, 1747-1818.

DEUX PENDANTS

72 — *Jeux d'enfants.*

Deux peintures en grisaille simulant des bas reliefs. Signées.

Panneaux. Haut., 18 cent. 1/2 ; larg., 37 cent.

SCHALL

(FRÉDÉRIC-JEAN)

XVIIIe siècle.

73 — ***Le Jeune galant entreprenant.***

Spirituelle composition de cinq personnages.

Toile. Haut., 38 cent.; larg., 30 cent.

Cadre ancien en bois sculpté doré.

TOCQUÉ

(LOUIS)

Paris, 1696-1772.

74 — ***Portrait du Duc d'Orléans.***

Il porte la cuirasse barrée par l'ordre du Saint-Esprit.

Toile. Haut., 97 cent.; larg., 79 cent.

Cadre ancien en bois sculpté doré.

VALLAYER-COSTER

(Mme ANNE)

Paris, 1744-1818.

75 — ***Nature morte.***

Buste en marbre, gibier, légumes et instruments de jardinage.

Signé et daté : *1774.*

Toile. Haut., 1 m. 53; larg., 1 m. 34.

Vente Cournerie.

VALLAYER-COSTER

(Mme ANNE)

76 — *Portrait de jeune femme.*

De grandeur naturelle, vue de trois quarts à gauche, assise, tenant un violon et un cahier de musique.

Signé et daté : *1773.*

Œuvre importante.

Toile. Haut., 1 m. 20 ; larg., 90 cent.

Cadre ancien Louis XVI, en bois sculpté doré ; moulure ornée et enrichie d'un cartouche avec guirlandes et chutes de fleurs.

VALLAYER-COSTER

(Mme ANNE)

77 — *Nature morte.*

Sur une table sont groupés : un rafraîchissoir, une brioche, des poissons et des citrons.

Signé des initiales : *V. C.*

Toile. Haut., 49 cent. ; larg., 61 cent.

Cadre ancien Louis XV, en bois sculpté doré.

Vente Cournerie.

VALLAYER-COSTER

(Mme ANNE)

DEUX PENDANTS

78 — *Pêches et raisins.*

Prunes et pêches.

Signés et datés : *1772.*

Toiles Haut., 26 cent. 1/2 ; larg., 40 cent.

Cadres anciens en bois sculpté doré.

VALLAYER-COSTER

(Mme ANNE)

79 — ***Fruits : poires, raisins, aubergines.***

Signé et daté : *1779.*

Toile Haut., 36 cent. 1/2 ; larg., 44 cent. 1/2.

Cadre ancien en bois sculpté doré.

VANLOO

(CHARLES-ANDRÉ, dit CARLE)

Nice, 1705 ; Paris, 1765.

80 — ***Portrait de jeune garçon jouant du violon.***

Il est vu de face, à mi-corps, vêtu d'un habit rouge, coiffé d'un tricorne, les cheveux tombant sur les épaules.

Toile. Haut., 76 cent.; larg., 60 cent.

Cadre ancien Louis XVI, en bois sculpté doré, orné de guirlandes nouées par un ruban.

Vente Boitelle.

VANLOO

(LOUIS-MICHEL)

Toulon, 1707 ; Paris, 1771.

81 — ***Portrait de l'artiste.***

Représenté assis, un carton sur ses genoux, le crayon à la main.

Signé et daté en bas, à gauche.

Toile ovale. Haut., 72 cent.; larg., 62 cent.

VAN SPAENDONCK

(CORNEILLE)

Hollande, 1756-1840.

82 — ***Fleurs et fruits.***

Important tableau de l'artiste.
Signé en toutes lettres et daté : *1780*, en bas, à droite.

Haut., 92 cent.; larg., 72 cent.

VESTIER

(ANTOINE)

1740-1824.

83 — ***Le Duo.***

Dans un intérieur, deux jeunes femmes habillées de blanc, l'une assise jouant de la harpe, l'autre debout tenant un cahier de musique.

Panneau. Haut., 21 cent.; larg., 16 cent.

VIGÉE-LEBRUN

(Mme LOUISE-ÉLISABETH)

Paris, 1755-1842.

84 — ***Portrait présumé de Lady Hamilton (Emma Hart), en Diane.***

Ce portrait aurait été peint par l'artiste durant son séjour à Naples, où, à plusieurs reprises, elle fit poser devant elle la célèbre beauté.

Toile. Haut., 90 cent.; larg., 72 cent.

Beau cadre Louis XVI, en bois sculpté doré à feuillage et fronton, fait d'une couronne de fleurs liées par un nœud de ruban.

WATTEAU

(ANTOINE)

Valenciennes, 1684; Nogent-sur-Marne, 1721.

85 — *Gilles.*

Étude de tête.

Toile ovale. Haut., 25 cent.; larg., 20 cent.

Cadre en bois sculpté doré.

WATTEAU (de Lille)

(LOUIS-JOSEPH)

Valenciennes, 1751 ; Lille, 1798.

86 — *La Tentation de saint Antoine.*

Importante composition, inspirée des sujets analogues de D. Teniers.

Signé et daté : *1781*, en bas, à droite.

Panneau. Haut., 36 cent.; larg., 47 cent.

Remarquable cadre ancien de la Régence, en bois sculpté doré, avec parties ajourées et très richement orné de motifs divers : palmettes, coquilles, rinceaux, etc.

WATTEAU (de Lille)

(FRANÇOIS-LOUIS-JOSEPH)

Valenciennes, 1758; Lille, 1823.

DEUX PENDANTS

87 — *Le Rendez-vous surpris.*

Les Galants punis.

Deux gracieuses compositions à plusieurs personnages.

Signées des initiales.

Panneaux. Haut., 23 cent.; larg., 27 cent.

Pastels

DE L'ÉCOLE FRANÇAISE DU XVIIIe SIÈCLE

DUPLESSIS

(JOSEPH-SIFREIN)

1725-1800.

88 — *Portrait de Glück.*

Il est vu de face, ses yeux bleus levés, brillants d'inspiration. Son visage plein, que l'âge a déjà marqué de sillons, s'encadre de cheveux souples et poudrés. Il est vêtu d'un habit de soie bleu paon, qui s'ouvre sur une chemise blanche à jabot.

Pastel ovale, d'une remarquable facture et d'une parfaite conservation. Étude faite sur nature pour le grand portrait où Glück est représenté improvisant au clavecin, portrait qui fut plusieurs fois gravé et notamment par Miger. (L. Roger-Milès, *Cent Pastels.*)

Haut., 53 cent.; larg., 43 cent.

Cadre ancien Louis XVI, en bois sculpté doré.

Exposition des Cent Pastels (1908), n° 16.

DUPLESSIS

(JOSEPH-SIFREIN)

89 — *Portrait d'une jeune fille.*

Vue en buste, de face, elle est vêtue d'une robe décolletée de ton changeant, les mains dans son manchon de fourrure blanche; le visage est souriant sous un gracieux chapeau à plumes noires et blanches.

Pastel ovale.

Haut., 63 cent.; larg., 52 cent.

Cadre ancien Louis XVI, en bois sculpté et doré.

ÉCOLE FRANÇAISE

XVIIIe siècle.

90 — *Portrait de jeune enfant.*

De face, en buste, coiffé d'un bonnet de dentelle orné d'un ruban bleu.

Pastel.

Haut., 27 cent.; larg., 24 cent.

FRAGONARD

(JEAN-HONORÉ)

Grasse, 1732; Paris, 1806.

91 — *Portrait de jeune fille.*

En buste, presque de face, elle est vêtue d'un corsage ouvert sur la poitrine, le col orné d'une collerette de mousseline.

Pastel largement exécuté, rappelant les études de figures de la galerie La Caze, au Louvre.

Haut., 33 cent.; larg., 24 cent.

Cadre ancien de la Régence, en bois sculpté et doré.

Exposition Chardin-Fragonard (1907).

HOIN

(CLAUDE-JEAN-BAPTISTE)

Dijon, 1750-1817.

92 — *Portrait de J.-L. Hoin, père de l'artiste.*

Vers la gauche, à la mine de plomb, l'inscription et la signature : *J. L. Hoin par C[de] Hoin, peintre de Sa Majesté Louis XVIII, 1815.*

Pastel.

Haut., 46 cent.; larg., 38 cent.

Cadre ancien en bois sculpté doré, avec fronton à fleurs de lis.

PERRONNEAU

(JEAN-BAPTISTE)

1715-1783.

93 — *Portrait de Charles Le Normant du Coudray.*

Sur un fond de tenture verdâtre, la tête se dégage de trois quarts à droite légèrement. Autour du cou, un mouchoir de couleur, noué sur un habit bleu. De la main droite, le personnage retient un album sur lequel on lit : *Recueil d'estampes.*

Signé et daté en haut, à droite : *1766.*

Pastel.

Haut., 63 cent.; larg., 49 cent.

Cadre ancien Louis XVI, en bois sculpté doré.

Vente Alexandre Dumas.

Exposition des Cent Pastels (1908), n° 74, sous ce titre : *Portrait d'artiste.*

Nota. — Nous avons conservé ici, pour le nom du personnage représenté, celui indiqué par une ancienne note manuscrite se trouvant au revers du pastel. Dans le recueil des *Cent Pastels,* M. Roger-Milès croit y reconnaître le dessinateur Hubert Gravelot. (Voir aussi : *J.-B. Perronneau,* par L. Viallat et Ratouis de Limay, n° 51.)

VIGÉE

(LOUIS)

XVIIIe siècle.

94 — *Portrait d'enfant.*

Représenté en costume de pèlerin.

Pastel.

Haut., 45 cent.; larg., 37 cent.

Cadre ancien Louis XVI, en bois sculpté doré.

Dessins Anciens

DU XVIIIe SIÈCLE

Aquarelles, Gouaches, Lavis, &c.

BOUCHER (François)

Paris, 1704-1770.

95 — *L'Adoration des Bergers.*

Dessin à la sanguine.

Signé et daté, en bas, à gauche.

Haut., 23 cent.; larg., 35 cent.

Cadre ancien Louis XVI, en bois sculpté doré.

BOUCHER (François)

96 — *Cartel ornementé.*

Dessin à la plume et lavis d'encre de Chine.

Signé.

Haut., 13 cent.; larg., 17 cent.

Cadre ancien Louis XIV, en bois très finement sculpté, ajouré et doré.

CARMONTELLE (Louis Carrogis, dit)

Paris, 1717-1806.

97 — *Portrait d'homme.*

Représenté debout dans un jardin.
Dessin aquarellé.

Haut., 30 cent.; larg., 17 cent.

Cadre en bois sculpté doré.

CARMONTELLE (Louis Carrogis, dit)

98 — *L'Éducation du petit chien.*

Dessin aquarellé.

Haut., 33 cent.; larg., 21 cent.

Cadre en bois sculpté doré.

CHODOWIECKI (Daniel-Nicolas)

Dantzig, 1726-1801.

99 — *La Dispute.*

Précieux petit dessin au crayon rehaussé de blanc.
Signé en toutes lettres.

Haut., 11 cent.; larg., 14 cent.

Très beau cadre ancien Louis XV, en bois finement sculpté, ajouré et doré.

CHODOWIECKI (Daniel-Nicolas)

100 — *Portrait de Voltaire écrivant.*

Dans un médaillon rond : au bas, une lyre et des branches de chêne et laurier.
Précieux petit dessin au crayon.
Signé.

Haut., 7 cent.; larg., 8 cent. 1/2.

Cadre ancien Louis XIV, en bois sculpté doré.

Exposition rétrospective de la Ville de Paris (1900), n° 62.

ÉCOLE ANGLAISE (XVIIIe siècle)

101 — *La Jeune mère.*

Dessin à l'aquarelle de forme ronde.

Signature et date illisibles.

Diam., 11 cent.

Beau cadre ancien en bois sculpté partiellement doré.

ÉCOLE FRANÇAISE (XVIIIe siècle)

102 — *La Danse.*

Gracieuse composition à quatre personnages.

Aquarelle gouachée.

Haut., 31 cent.; larg., 25 cent.

Cadre ancien Louis XVI, en bois sculpté doré, avec fronton orné des initiales M. A.

Vente Léon Roux (1903).

ÉCOLE FRANÇAISE (XVIIIe siècle)

103 — *Parade militaire.*

Gouache.

Haut., 19 cent.; larg., 27 cent.

Remarquable cadre ancien Louis XVI, en bois sculpté doré: moulure ornée d'une perle, d'un petit ruban et d'une doucine à courant de feuilles d'acanthe.

ÉCOLE FRANÇAISE (XVIIIe siècle)

104 — *Portrait de Mlle Beauménil, de l'Académie Royale de Musique, pensionnaire du Roy.*

Médaillon ovale sur une tablette, ornée d'un amour, d'attributs de musique et d'une banderole, où se lit l'inscription ci-dessus.

Dessin à la plume et lavis de sépia.

Haut., 20 cent.; larg., 15 cent.

ÉCOLE FRANÇAISE (XVIIIe siècle)

105 — ***Carrosse ayant servi à M. le Comte de Luc, lors de son entrée à Vienne, en Autriche.***

Dessin à l'aquarelle.

Haut., 23 cent.; larg., 41 cent.

Cadre ancien Louis XV, en bois sculpté doré à coins et milieux ornés.

EDRIDGE (H.)

Angleterre, XVIIIe et XIXe siècles.

106 — *Portrait d'Éléonore, fille du Comte Wiltin.*

Au crayon, sanguine et lavis.

Signé et daté : *1806.*

Haut., 33 cent.; larg., 23 cent.

Cadre ancien, en bois sculpté doré.

Vente Lord Wiltin, à Grosvenor Square, Londres (1885).

FRAGONARD (JEAN-HONORÉ)

Grasse, 1732-1806.

107 — *Jupiter et Danaé.*

« Jupiter visite Danaé, sous la forme d'un nuage, et pour rendre ce nouvel avatar, le pinceau de l'artiste, guidé par une invention originale, a produit le plus éblouissant de ses bistres. La fille d'Eurydice est renversée sur un lit ; ses femmes effarées s'empressent à l'asperger d'eau, pour dissiper les vapeurs audacieuses, qui ressemblent à un incendie, pendant que l'une d'elles ramasse les pièces d'or. Il y a, dans cette composition, une chaleur d'exécution, une animation et une perfection de facture que l'artiste n'a pas dépassées. »

Importante composition, de la meilleure époque du maître, reproduite dans le livre du Baron Roger Portalis (*H. Fragonard, sa vie, son œuvre*, p. 198), qui en donne la description ci-dessus.

Dessin au bistre.

Haut., 27 cent.; larg., 39 cent.

Provient de l'atelier de Mme Vigée-Lebrun.
Vente Tripier-Lefranc.
Collection L. Decloux (février 1898). 16 100
Exposition Chardin-Fragonard (1907).

FRAGONARD (JEAN-HONORÉ)

108 — *L'Heureuse famille.*

Dans un intérieur rustique, la jeune mère prend par la main son époux et tous deux contemplent, d'un air joyeux, un bébé endormi dans son berceau posé à terre; un petit garçon tient l'autre main de son père et regarde aussi; dans le fond, une servante à peine indiquée.

Beau et vigoureux dessin au lavis de sépia.

Haut., 21 cent. 1/2; larg., 28 cent.

Cadre ancien Louis XVI, en bois sculpté partiellement doré.

Exposition Chardin-Fragonard (1907).

FRAGONARD (JEAN-HONORÉ)

109 — *Tête de vieillard,* probablement d'après Le Titien.

Dessin à la sépia.

Haut., 35 cent.; larg., 27 cent.

Cadre ancien Louis XVI, en bois sculpté doré.

FRAGONARD (JEAN-HONORÉ)

110 — *Scène champêtre.*

Dessin à la sépia.

Haut., 23 cent.; larg., 17 cent. 1/2.

Cadre ancien en bois sculpté doré.

Exposition Chardin-Fragonard (1907).

FRAGONARD (JEAN-HONORÉ)

111 — *Offrande à Minerve.*

Composition mythologique à nombreuses figures.

Esquisse dessinée à la pierre d'Italie, avec touches de lavis.

Haut., 33 cent.; larg., 39 cent.

HUBERT-ROBERT

Paris, 1733-1808.

112 — *Ruines d'un palais, avec personnages.*

Dessin à la sanguine et au lavis.

Signé.

Haut., 21 cent.; larg., 32 cent.

Cadre ancien Louis XIV, en bois sculpté doré.

HUBERT-ROBERT

113 — *Villa romaine.*

Dessin à l'aquarelle, de forme ronde.

Diam., 17 cent.

Cadre ancien en bois sculpté doré.

HUET (Jean-Baptiste)

Paris, 1745-1811.

114 — *Le Triomphe d'Amphitrite.*

Importante aquarelle.

Haut., 25 cent.; larg., 39 cent.

Cadre en bois sculpté doré, avec attributs de jardinage.

HUET (Jean-Baptiste)

115 — *L'Escarpolette.*

Dessin largement exécuté au lavis de sépia sur vigoureux traits de plume.

Signé et daté : *1782*, en bas, à gauche.

Haut., 22 cent.; larg., 18 cent. 1/2.

Cadre ancien Louis XVI, en bois sculpté doré.

LE MOYNE (François)

Paris, 1688-1737.

DEUX PENDANTS

116 — *L'Eté.*

L'Hiver.

Deux compositions allégoriques : Amours portant une corbeille de fleurs, Amours portant une cassolette. Études pour des dessus de portes. (Encadrés ensemble.)

Haut., 15 cent.; larg., 16 cent.

Beau cadre ancien Louis XVI, en bois sculpté doré, orné d'un fronton : attributs de l'Architecture et rameau de laurier.

LENGENDYCK (Dirck)

Rotterdam, 1748-1805.

117 — *Campagnes de Napoléon.*

Quatre aquarelles dans un cadre.

Signées et datées : *1803* à *1805*.

Dimensions de chacune : haut., 16 cent.; larg., 24 cent.

Cadre ancien Louis XVI, en bois sculpté doré.

MOREAU le Jeune (JEAN-MICHEL)

Paris, 1741-1814.

118 — *Expérience aérostatique du 15 juillet 1784, à Saint-Cloud.*

Au-dessus d'une pièce d'eau, entourée de charmilles, un ballon, de forme bizarre, portant une large nacelle en terrasse avec quatre passagers, vient de s'élever de terre. De toutes parts, la foule des curieux accourt, les bras en l'air, les yeux fixés vers la machine volante.

Beau et important dessin à la plume, lavé d'aquarelle.

Signé en toutes lettres et daté : *1784*, dans le bas, vers la droite.

Haut., 27 cent.; larg., 47 cent.

Cadre ancien Louis XVI, en bois sculpté doré.

Nous lisons dans la ***Navigation aérienne***, par J. Lecornu, p. 73, la description de cette ascension :

« .... Le 15 juillet 1784, les frères Robert firent à Saint-Cloud, en compagnie du Duc de Chartres, l'essai du premier ballon allongé qui ait été construit. Il s'appelait *Caroline* et mesurait 18 mètres de long sur 12 de diamètre. Il était parfaitement équilibré, grâce à un ballonnet à air placé à l'intérieur du grand ballon et qui devait permettre de monter et descendre sans perdre de gaz ni de lest.... La nacelle était munie de rames et d'un gouvernail pour la direction de l'appareil. A 8 heures, le Duc de Chartres, qui participait à cette nouvelle ascension, les deux frères Robert et Collin-Hullin, leur beau-frère, s'élevèrent en présence d'une foule de curieux accourus des environs.... »

L'ascension ne dura que quelques minutes, le ballon fut pris dans une tourmente et ce n'est que par miracle que les quatre hardis aéronautes purent sortir sains et saufs de cette périlleuse expérience.

MUYSARD (R.)

XVIIIe siècle

119 — *Portrait de jeune femme.*

Elle est représentée en buste, dans un médaillon ovale, encadré de draperies soutenues par des amours et reposant sur une tablette avec inscription en vers.

Gouache signée et datée : *1764*.

Haut., 20 cent.; larg., 16 cent.

Cadre en bronze doré.

OPPENORD (GILLES-MARIE)

Paris, 1672-1742.

120 — *Projet de cartel.*

En forme de lyre à figures de sphinx, portée par le Temps, et couronnée par deux amours.

Dessin au lavis d'encre de Chine ; gravé dans son recueil d'ornements.

Haut., 44 cent.; larg., 22 cent.

Cadre ancien Louis XIV, en bois sculpté doré.

PARROCEL

XVIIIe siècle.

121 — *Combat de cavalerie.*

Croquis à la plume rehaussé de lavis.

Haut., 15 cent.: larg., 20 cent.

Beau cadre ancien de la Régence, en bois sculpté doré.

PORTAIL (JACQUES-ANDRÉ)

Nantes (?); Versailles, 1759.

122 — *Portrait d'homme.*

Représenté debout, à mi-corps; à droite, une étude de main.

Dessin au crayon et à la sanguine.

Haut., 23 cent. ; larg., 15 cent.

Beau cadre ancien en bois sculpté doré.

QUEVERDO (FRANÇOIS-MARIE)

Josselin, 1748; Paris, 1798.

123 — *La Jouissance.*

Dans un somptueux boudoir Louis XV, un jeune seigneur enlace de ses bras une jeune femme, assise près de lui sur un canapé ; autour d'eux voltigent quatre amours.

Gracieuse composition connue par la gravure de Martini.

Aquarelle sur trait de plume.

Haut., 31 cent.; larg., 23 cent.

Cadre ancien en bois finement sculpté et doré.

ROCHARD (SIMON-JACQUES)

Paris, 1788-1813.

124 — *Lady Smyth et ses enfants,* d'après Sir J. Reynolds.

Aquarelle.

Haut., 22 cent.; larg., 18 cent.

Beau cadre ancien Louis XVI, à fronton fait d'un cartouche à double armoirie, avec couronne, guirlandes et chutes de laurier.

SAINT-AUBIN (GABRIEL-JACQUES DE)

Paris, 1724-1780.

125 — *Représentation d'Opéra.*

La composition montre le spectacle de la scène et la moitié de la salle du théâtre. De nombreux spectateurs occupent l'orchestre, le parterre et les balcons. Le chef d'orchestre, en avant de ses musiciens, semble de son bâton et du regard indiquer le mouvement aux personnages en scène.

Importante composition, dans laquelle chacune des petites figures est un portrait spirituellement indiqué.

Dessin à la plume lavé d'aquarelle.

Haut., 35 cent.; larg., 46 cent.

Estampes Anciennes

DU XVIIIe SIÈCLE

ALIX (P.-M.)

126 — *Portrait de Mr Arouet de Voltaire.*

Estampe en médaillon ovale, avec sujets au-dessous, d'après Garneray.

Très belle épreuve, *imprimée en couleurs*, avec marge.

Cg Meyer

ANONYME

127 — *Bustes de Louis XVI et de Marie-Antoinette.*

De profil, en regard dans deux médaillons ovales fixés par des anneaux et des nœuds de rubans à une guirlande de fleurs, qui, s'enlaçant avec les rubans, figure autour des médaillons un encadrement en forme de cœur. Au bas, deux branches de laurier croisées mêlent leur feuillage à la guirlande, tandis qu'au-dessus une couronne d'olivier forme comme la flamme du cœur. (Lord R. Gower, n° 428.)

Rarissime estampe, sans noms d'artistes, reproduite par M. Dupont-Auberville dans son ouvrage : *l'Ornementation des tissus.*

Superbe épreuve *imprimée en couleurs*, sur satin, avec rehauts d'or dans les cadres des médaillons.

Beau cadre ancien Louis XVI, en bois sculpté doré.

C/ Mme Adam

BARTOLOZZI (F.)

128 — *Portrait de Georgiana, Duchess of Devonshire.*

Petite estampe, médaillon ovale in-8°, d'après Dixon.

Très belle épreuve imprimée en bistre, à grande marge.

BARTOLOZZI (F.)

129 — *Portrait de Marie-Christine, sœur de la Reine Marie-Antoinette.*

Estampe in-folio, d'après le Chevalier Roslin.

Très belle et rare épreuve avec la *lettre grise*, imprimée en bistre et avec marge.

Cadre ancien Louis XV, en bois sculpté doré.

BERNARD (D'après)

130 — *Portrait de la Reine Marie-Antoinette.*

(Lord R. Gower, n° 298.)

Estampe in-folio, gravée par Petit, en imitation de dessin calligraphique.

Très belle épreuve avec petite marge.

Cadre ancien Louis XVI, en bois sculpté doré.

BONNET (L.-M.)

131 — *Portrait de la Reine Marie-Antoinette.*

(Lord R. Gower, n° 45.)

Délicieuse petite estampe in-12, en médaillon ovale entouré de palmes, sur fond rectangulaire, d'après le tableau de Klansinger.

Superbe et rarissime épreuve, avec le portrait *imprimé en couleurs*, en imitation du pastel. Marge.

Collection Decloux (mars 1889).

BOUCHER (D'après F.)

132 — *Tête de Flore*. Portrait de la fille aînée de Boucher, devenue plus tard Mme Baudouin.

Estampe in-folio, gravée en imitation du pastel, chef-d'œuvre en ce genre, par L. Bonnet.

Superbe épreuve *imprimée en couleurs*, avec la planche de blanc. Très rare.

Cadre ancien, en bois sculpté doré.

CARMONTELLE (D'après L. C. de)

133 — *Les Confidences.*

Estampe in-folio, gravée par De Lafosse.

Très belle épreuve coloriée.

Cadre ancien, en bois sculpté doré.

CATHELIN (J.)

134 — *Portrait de Messire Jean Pâris de Monmartel.*

Estampe in-folio, d'après C.-N. Cochin (la tête d'après M.-Q. de Latour).

Très belle épreuve avec petite marge.

Cadre ancien Louis XVI, en bois finement sculpté partiellement doré.

COSWAY (D'après Maria)

135 — *Portrait de Mrs. Cosway.*

Estampe in-folio, gravée à la manière noire par V. Green.

Superbe épreuve, petite marge.

COSWAY (D'après R.)

136 — *Portrait de Lady Catherine Poislet.*

Petite gravure en médaillon ovale, gravée par White

Très belle épreuve, *imprimée en couleurs* sur satin.

Cadre ancien Louis XVI, en bois sculpté doré.

DAGOTY (J.-F. GAUTIER-)

137 — *La Baigneuse.*

Estampe in-folio, d'après Le Moyne.

Très belle et rare épreuve, *imprimée en couleurs.*

Cadre ancien Louis XV; moulure ornée en bois sculpté doré.

DAGOTY (J.-F. GAUTIER-)

138 — *Portrait de la Reine Marie-Antoinette.*

A mi-corps, vue de face, en costume d'apparat, manteau fleurdelisé doublé d'hermine. (Lord R. Gower, nº 101.)

Rarissime estampe in-folio, gravée en imitation du pastel.

Superbe épreuve, *imprimée en couleurs.*

Cadre ancien Louis XVI, en bois sculpté doré.

DEBUCOURT (P.-L.)

139 — *Les Deux Baisers.*

(M. Fenaille, nº 7.)

Estampe in-folio en travers, une des plus jolies et des plus célèbres dans l'œuvre du maitre, gravée d'après son tableau exposé au Salon de 1785 sous le titre : *la Feinte caresse.*

Superbe épreuve, *imprimée en couleurs*, avec marge. Rarissime.

DEBUCOURT (P.-L.)

140 — *L'Oiseau ranimé.*

(M. F., n° 9.)

Estampe in-folio, publiée en 1787, de la même dimension que la série des gravures de Janinet d'après Lawreince : ***l'Aveu difficile, la Comparaison, l'Indiscrétion***, avec lesquelles elle devait faire suite.

Très belle épreuve ***imprimée en couleurs,*** avec la marge du cuivre. Da la plus grande rareté. Cette épreuve est mentionnée dans l'ouvrage de M. M. Fenaille : ***l'Œuvre gravé de P.-L. Debucourt***, p. 10.

Cadre ancien Louis XVI, en bois sculpté doré.

DEBUCOURT (P.-L.)

141 — *Le Menuet de la Mariée.*

La Noce au château.

(M. F., n°s 8 et 21.)

Deux estampes in-folio, faisant pendants, les plus gracieuses parmi les gravures en couleurs du XVIIIe siècle.

Magnifiques et rarissimes épreuves ***imprimées en couleurs, avant toutes lettres***, seulement la signature et la date à la pointe-sèche, en bas, à gauche, au-dessous du trait carré, les armes au milieu de la marge du bas. Elles ont une grande marge et sont en parfaite condition.

Cadres anciens Louis XVI, en bois sculpté doré

DEBUCOURT (P.-L.)

142 — *Promenade de la Gallerie* (sic) *du Palais-Royal.*

(M. F., n° 11.)

Estampe in-folio en travers, publiée en 1787, et ne portant pas de signature. Dans cette composition, un peu caricaturale, on relève une vingtaine de charges sur quarante personnages nettement indiqués, pour lesquelles nous renvoyons à l'ouvrage iconographique de M. Fenaille : *l'Œuvre gravé de P.-L. Debucourt*, p. 11.

Superbe et rare épreuve, ***imprimée en couleurs***, avec la faute au mot « imprimé » qui est écrit ***emprimé***. Grande marge. Très rare.

Cadre ancien Louis XVI, en bois sculpté doré, avec nœud de rubans, guirlandes et chutes de laurier.

DEBUCOURT (P.-L.) (?)

143 — *Promenade du Jardin du Palais-Royal.*

(M. F., pendant du nº 11.)

Estampe in-folio en travers, datée de 1787, non signée et attribuée par tradition à Debucourt, sous le nom de qui nous l'avons conservée. Cette attribution est erronée. L'adresse gravée sur cette pièce, 55, rue Saint-Jacques, était à cette époque celle du graveur Le Cœur. Quant à la composition originale, elle est, à n'en pas douter, de Desrais, et le dessin original qui figurait à la vente Destailleurs en 1895, rappelle avec certitude les dessins de mode de ce dessinateur. On peut, du reste, rapprocher de cette estampe nombre d'autres estampes signées du graveur Le Cœur qui ne laissent aucun doute quant au nom de son auteur.

Superbe épreuve, ***imprimée en couleurs***, très fraîche, mais rognée au trait carré sur trois côtés.

Cadre ancien Louis XVI, en bois sculpté partiellement doré.

DEBUCOURT (P.-L.) (?)

144 — *La même composition.*

Petite estampe, réduction de la pièce précédente, signalée par M. Fenaille dans son ouvrage : *l'Œuvre gravé de P.-L. Debucourt*, p. 13.

Superbe et rarissime épreuve, ***imprimée en couleurs***, avec marge.

Beau cadre ancien Louis XVI, à crossettes, en bois sculpté doré, à fronton nœud de ruban, guirlandes de laurier ; culot à coquille.

DEBUCOURT (P.-L.)

145 — *L'Escalade ou les adieux du matin.*

(M. F., nº 13.)

Estampe in-folio publiée en 1787.

Très belle épreuve, ***imprimée en couleurs***, avec marge.

Cadre ancien Louis XVI en bois sculpté partiellement doré.

DEBUCOURT (P.-L.)

146 — *Le Compliment, ou la Matinée du Jour de l'an. Les Bouquets, ou la Fête de la Grand'Maman.*

(M. F., n° 15 et 16.)

Deux estampes in-folio, faisant pendants, publiées, la première à la fin de 1787 et la seconde en 1788. En médaillons ovales au milieu de cadres simulant le marbre bleu vert veiné.

Superbes et très fraîches épreuves, *imprimées en couleurs*, avec marge.

Cadres anciens Louis XVI, en bois sculpté doré, à moulure ornée en relief de feuillage ajouré.

DEBUCOURT (P.-L.)

147 — *M. le Marquis de La Fayette,* dédié aux citoyens soldats.

(M. F., n° 23.)

Estampe in-folio, la première gravure de Debucourt à la manière noire, publiée en février 1790.

Superbe épreuve, *imprimée en couleurs*, à la poupée, avec la lettre gravée au pointillé. Il n'existe pas d'épreuves avant la lettre. Marge.

Cadre ancien Louis XVI, en bois sculpté partiellement doré.

DEBUCOURT (P.-L.)

148 — *Almanach national,* dédié aux amis de la Constitution.

(M. F., n° 26.)

Estampe in-folio, publiée pour l'*Année 1791, 3e de la Liberté.* Une des plus intéressantes gravures de Debucourt, au point de vue du procédé.

Superbe épreuve *imprimée en couleurs*, avec le calendrier et avec marge. Très rare.

Cadre ancien Louis XVI, en bois sculpté doré.

DEBUCOURT (P.-L.)

149 — *La Rose.*

La Main.

(M. F., n°s 17 et 18.)

Deux estampes in-folio faisant pendants, publiées en 1788, des plus rares et recherchées dans l'œuvre du maître. Ces gravures portent chacune, dans la marge du bas, une pièce de vers du Chevalier de Parny, de la suite de ses petits poèmes : *les Tableaux.*

Magnifiques et très fraîches épreuves, ***imprimées en couleurs***, avec marge. La première est dans un état particulier ; on peut lire, gravées à la pointe, à gauche du titre, la signature et la date : *1788.* Avant l'adresse de l'auteur. De toute rareté.

Cadres en bois sculpté doré.

DEBUCOURT (P.-L.)

150 — *La Rose mal défendue.*

(M. F., n° 27.)

Estampe à l'aquatinte à gros grains, rehaussée de tout un travail très apparent d'eau-forte et de roulette.

Superbe épreuve, ***imprimée en couleurs***, avec marge.

DEBUCOURT (P.-L.)

151 — *Que vas-tu faire ?*

Qu'as-tu fait ?

(M. F., n°s 31 et 32.)

Deux estampes petit in-folio, en médaillons ovales, faisant pendants.

Belles épreuves avec marge.

DEBUCOURT (P.-L.)

152 — *La Promenade publique.*

(M. F., n° 33.)

Estampe grand in-folio en travers, la pièce capitale du maître, datée de 1792, donnant une fidèle et poétique reproduction de la société parisienne à cette époque; plusieurs des personnages sont des portraits contemporains.

Superbe et très fraîche épreuve, ***imprimée en couleurs***, avec marge.

Cadre ancien Louis XVI, en bois sculpté doré.

DEBUCOURT (P.-L.)

153 — *La Bénédiction paternelle ou le Départ de la Mariée.*

(M. F., n° 50.)

Estampe in-folio en travers, gravée à l'aquatinte, publiée par Depeuille le 1er messidor 1795.

Belle épreuve ***avant la lettre***.

DEBUCOURT (P.-L.)

154 — *Minet aux aguets.*

(M. F., n° 57.)

Estampe in-folio en travers, médaillon ovale, à l'aquatinte, traits d'eau-forte et pointillé.

Superbe épreuve, ***imprimée en couleurs***, avec le nom à la pointe et l'adresse de Depeuille. Marge.

Cadre ancien Louis XVI, en bois sculpté doré.

DEBUCOURT (P.-L.)

155 — *La Toilette d'un clerc de procureur.*

(M. F., n° 368.)

Estampe petit in-folio, le n° 4 de la 6e livraison de la ***Collection de costumes***, dessinés d'après nature par Carle Vernet et gravés par Debucourt.

Très belle épreuve ***imprimée en couleurs***, avec toute sa marge.

Cadre ancien Louis XVI, en bois sculpté doré.

DESCOURTIS (C.-M.)

156 — *Portrait de Frédérique-Sophie-Wilhelmine.*

Estampe in-folio en médaillon ovale, gravée d'après Tischbein, sous la direction de Hentzi.

Superbe épreuve ***imprimée en couleurs avant toutes lettres***, seulement les noms des artistes gravés à la pointe. Très grande marge.

Cadre en bois sculpté doré, à nœud de ruban, guirlandes et chutes de laurier.

DICKINSON (W.)

157 — *The Gardens of Carleton House, with Neapolitan ballad singers.*

Grande et belle estampe in-folio en largeur, publiée le 10 mai 1785, très intéressante pour les costumes de la société anglaise de cette époque.

Superbe épreuve en couleurs, avec marge. Rare.

Beau cadre ancien Louis XVI, en bois sculpté doré.

DOWNMAN (D'après)

158 — *Portrait de Her Grace the Duchess of Richmond.*

Estampe en médaillon ovale, petit in-folio, gravée dans la manière de Bartolozzi, par Burke.

Très belle épreuve avec marge.

Cadre ancien Louis XVI, en bois sculpté doré.

DUTAILLY (D'après)

159 — *Le Concert.*

Le Colin-Maillard.

Deux charmantes petites estampes en médaillons ovales en travers, faisant pendants, gravées par Guyot.

Très belles et rares épreuves, ***imprimées en couleurs***, à grande marge.

FREUDEBERG (D'après S.)

160 — *La Leçon de musique.*

Estampe gravée à l'eau-forte, sans nom d'auteur.

Superbe épreuve sans aucune lettre à toute marge.

Cadre ancien Louis XVI, en bois sculpté doré.

GAINSBOROUGH (D'après Th.)

161 — *Portrait de George IV, prince de Galles,* debout auprès de son cheval.

Estampe in-folio, gravée à l'aquatinte par J. R. Smith.

Superbe et très rare épreuve, ***imprimée en couleurs.*** Très petite marge.

Cadre ancien Louis XVI, en bois sculpté doré.

HOPPNER (D'après John)

162 — *Portrait de Mrs. Benwell.*

Très gracieuse estampe anglaise, gravée à l'aquatinte par Ward.

Superbe et très fraîche épreuve, ***imprimée en couleurs***, avec une belle marge. Rarissime en cet état.

Cadre ancien Louis XVI, en bois sculpté doré.

HOPPNER (D'après John)

163 — *Portrait de Mrs. Gwyn.*

Estampe petit in-folio, gravée à la manière noire par J. Young.

Superbe épreuve avec petite marge. Rare.

Cadre ancien Louis XVI, en bois sculpté doré, orné en haut d'une agrafe avec guirlandes et chutes de laurier.

HUBERT-ROBERT (D'après)

164 — *Vue des ruines de la villa Sacchetti, à Rome.*

Estampe in-folio en travers, gravée en imitation de lavis par F. Janinet.

Très belle épreuve avec marge.

Cadre ancien Louis XVI, en bois sculpté doré.

HUBERT-ROBERT ? (D'après)

165 — *Ruines antiques.*

Estampe in-folio en travers, composée de onze petits médaillons ronds : paysages avec ruines, animés de petits personnages.

Épreuve rehaussée en couleurs. Marge.

JANINET (F.)

166 — *Portrait de Marie-Antoinette d'Autriche, Reine de France et de Navarre, 1777.*

(Lord R. Gower, n° 189.)

Estampe célèbre, un des plus remarquables portraits de la Reine. Elle se compose de deux gravures, le portrait lui-même en médaillon ovale et un cadre richement orné avec ouverture ovale découpée et formant passe-partout. Le portrait, ainsi que son cadre, sont l'un et l'autre à toute marge.

Superbe épreuve, *imprimée en couleurs*, avec les rehauts d'or sur l'encadrement. Rarissime en cet état.

Cadre ancien Louis XVI, en bois sculpté doré.

JANINET (F.)

167 — *Portrait d'une jeune princesse (Frédérique-Sophie-Wilhelmine ?)*.

Vue de face, dans un parc, accoudée à l'angle d'une balustrade ; elle tient dans sa main droite une couronne de fleurs, dans la gauche, une miniature.

Charmant petit portrait in-8° de forme ronde.

Superbe et très fraîche épreuve, ***imprimée en couleurs, avant toutes lettres***, avec belle marge.

Cadre ancien Louis XVI, en bois sculpté doré, à cartouche et guirlandes de laurier.

JANINET (F.)

168 — *La Toilette de Vénus.*

Estampe in-folio d'après F. Boucher.

Superbe et très fraîche épreuve, avec les trois amours, ***imprimée en couleurs***, avec marge. Rare.

LAWREINCE (D'après NICOLAS)

169 — *Ah ! laisse-moi donc voir !*

(E. Bocher : *Œuvre de Lawreince*, n° 2.)

Petite estampe gravée par F. Janinet.

Superbe et très fraîche épreuve, ***imprimée en couleurs***, avec toute sa marge. Très rare en aussi belle condition.

Cadre ancien Louis XVI, en bois finement sculpté et doré.

LAWREINCE (D'après Nicolas)

170 — *Ha! le joli petit chien.*
Le Petit conseil.

(E. B., nos 27 et 48.)

Deux charmantes petites estampes, faisant pendants, gravées par F. Janinet.

Superbes épreuves, ***imprimées en couleurs***, d'une grande fraîcheur, avec marge. Rares.

Cadres Louis XVI, en bois sculpté doré.

Collection L. Decloux (mars 1889).

LAWREINCE (D'après Nicolas)

171 — *Les Grâces Parisiennes au bois de Vincennes.*

Les Trois sœurs au Parc de St Clou (sic).

(E. B., nos 50 et 11.)

Deux estampes petit in-folio en travers, faisant pendants, gravées à la manière du lavis par J.-B. Chapuy.

Superbes et *rarissimes* épreuves, ***imprimées en couleurs***, d'une grande fraîcheur. Marge.

Elles sont ensemble dans un cadre ancien Louis XVI, à crossettes, en bois sculpté doré à moulure ornée de perles et feuilles d'eau.

LAWRENCE (D'après Sir Thomas)

172 — *Portrait de Richard, Marquess of Wellesley.*

Estampe in-folio, gravée en manière noire par Turner.

Superbe et brillante épreuve avec marge.

LEVACHEZ (Ch.-F.-G.)

173 — *Portrait de Louis XVI*, d'après Duplessis.

Portrait de Marie-Antoinette, d'après Mme Vigée-Lebrun.

Deux petites estampes en médaillons posés sur une plaque et sur un socle imitant le marbre.

(Lord R. Gower, n° 242.)

Superbes et rarissimes épreuves, *imprimées en couleurs*, avec marge.

MOREAU le Jeune (J.-M.)

174 — *Place Louis XV, vue prise des Champs-Élysées, 1770.*

Charmante petite estampe en travers.

Superbe et très rare épreuve, à l'état *d'eau-forte, avant toutes lettres*, seulement l'inscription tracée à la pointe, à gauche, sous le trait carré : *J.-M. Moreau le jeune, in. sc. 1770.* Marge.

Cadre ancien Louis XIV, en bois sculpté doré.

Collection L. Decloux (mars 1889)

ORME (D.)

175 — *Prince of Wales.*

Petite estampe en médaillon ovale.

Très belle épreuve, *imprimée en couleurs*, avec marge.

Cadre ancien en bois sculpté doré.

PETERS (D'après le Rév[d])

176 — *The Fortune Teller.*

The Gamesters.

Deux charmantes estampes in-folio en travers, faisant pendants, gravées à l'aquatinte par J.-R. Smith.

Superbes et très fraîches épreuves ***imprimées en couleurs***, avec belle marge. Très rares à rencontrer réunies en aussi belle condition.

REGNAULT (N.-F.)

177 — *Le Bain*, d'après BAUDOUIN. (E. B., n° 119.)

Le Lever.

Deux fines et charmantes petites estampes faisant pendants.

Superbes et très fraîches épreuves ***imprimées en couleurs***, avec la première adresse et avec marge. Rares.

Cadres en bois sculpté doré.

Collection L. Decloux (mars 1889).

REYNOLDS (D'après SIR JOSHUA)

178 — *Her Grace the Duchess of Devonshire and the R[t] Honble Lady Georgiana Cavendish.*

Estampe in-folio en travers, gravée en manière noire par G. Keating. Un des plus beaux portraits de l'école anglaise du XVIIIe siècle.

Magnifique et très brillante épreuve, avec marge.

Cadre ancien Louis XVI, en bois sculpté doré.

Collection Ed. Chappey.

REYNOLDS (D'après SIR JOSHUA)

179 — *Mrs. Williams Hope, of Amsterdam.*

Belle estampe in-folio, gravée à la manière noire par Hodges.

Superbe et rare épreuve, avec une très grande marge.

Cadre ancien Louis XVI, en bois sculpté doré.

REYNOLDS (D'après Sir Joshua)

180 — *Portrait de Mrs. Musters.*

Estampe in-folio, gravée à la manière noire par J.-R. Smith.
Très belle épreuve, sans marge.
Cadre ancien Louis XVI, en bois sculpté doré.

REYNOLDS (D'après Sir Joshua)

181 — *Portrait de Lady Caroline Price.*

Estampe in-folio, gravée en manière noire par J. Jones.
Superbe épreuve avec toute sa marge, non ébarbée.
Cadre ancien Louis XVI, en bois sculpté doré.

REYNOLDS (D'après Sir Joshua)

182 — *Portrait de The Honble Mrs. Stanhope.*

Estampe in-folio, gravée en manière noire par J.-R. Smith.
Très belle épreuve avec marge.
Cadre ancien Louis XVI, en bois sculpté doré.

ROSLIN (D'après le Chevalier)

183 — *Portrait de S. A. S. Madame Anastasie, Landgrave de Hesse-Hombourg, née Princesse Troubetzkoy.*

Estampe in-folio, gravée par Daullé.
Très belle épreuve à petite marge.

ROWLANDSON (T.)

184 — *Box Lobby Loungers* (Les Flâneurs dans le foyer des loges).

Estampe in-folio en largeur des plus curieuses pour les costumes, d'après H. Wigstead.

Très belle épreuve en couleurs avec petite marge. Rare.

Cadre ancien Louis XVI, en bois sculpté doré, avec chutes de laurier sur les côtés.

Collection L. Decloux (mars 1889).

SAINT-AUBIN (D'après AUGUSTIN DE)

185 — *The First come best served* (Le Premier arrivé est le mieux servi).

The Place to the first occupier (La Place est au premier occupant).

Deux estampes petit in-folio, médaillons ovales en travers, gravées par A. Sergent.

(E. Bocher, nos 404-405.)

Très belles et rares épreuves, imprimées en bistre, *avant toutes lettres.*

SERGENT-MARCEAU (A.-F.)

186 — *Portrait du général Marceau, « né à Chartres, soldat à XVI ans, général à XXIII, mort à XXVII ».*

Estampe in-folio.

Superbe et très fraiche épreuve, *imprimée en couleurs,* avec marge.

Beau cadre ancien Louis XVI, en bois sculpté doré.

SMITH (J.-R.)

187 — *The Promenade at Carlisle-House, 1781.*

Belle estampe in-folio en travers, médaillon ovale sur fond équarri, gravée à la manière noire. Les jeunes élégantes que l'on remarque dans cette charmante composition sont les portraits de Lucy Hasweld, Mis Moss, Henrietta Montagu, Maria Townley, Maria Weddow, etc.

Superbe épreuve avec toute sa marge, *non ébarbée :* excessivement rare dans cet état de conservation.

Cadre ancien Louis XVI, en bois sculpté doré.

TAUNAY (D'après N.)

188 — *Noce de village.*

Foire de village.

La Rixe.

Le Tambourin.

Célèbre suite de quatre estampes in-folio, gravées par Descourtis.

Très belles épreuves, ***imprimées en couleurs.*** Les deux premières (les seules de la suite qui offrent cette particularité) sont ***avec les armes***, et par conséquent de premier tirage : dans les tirages postérieurs, les armes ont été effacées et remplacées par le titre écrit en anglaise.

Marge.

Cadres anciens Louis XVI, partiellement dorés.

VAN HUYSUM (D'après)

189 — *A Flower piece.*

A Fruit piece.

Deux estampes in-folio, faisant pendants, les chefs-d'œuvre du maître-graveur à l'aquatinte, R. Earlom.

Belles et très rares épreuves ***imprimées en couleurs***, avec marge. Déchirure raccommodée dans le bas de la marge de l'une d'elles.

Cadres anciens Louis XVI, en bois sculpté partiellement doré.

VINKELÈS & VAN DER MEER

190 — *Auditoire dans l'édifice de la Société Felix Meritis, à Amsterdam.*

Estampe in-folio en travers, d'après Barbiers et Kuyper.

Superbe et très rare épreuve, ***imprimée en couleurs***, avec marge.

WALTON (D'après H.)

191 — *The Fruit Barrow.*

Gracieuse estampe in-folio, gravée à la manière noire par J.-R. Smith.

Superbe épreuve du *premier état*, avec la lettre indiquée à la pointe sèche; avec marge. Très rare.

Cadre ancien Louis XVI, en bois sculpté doré.

WATTEAU (D'après ANTOINE)

192 — *L'Enseigne.*

Estampe grand in-folio, gravée par Aveline.

Superbe et très rare épreuve avec marge.

Cadre à frise d'entrelacs et enrichi d'un nœud de ruban.

Cadres anciens & Glaces

EN BOIS SCULPTE DORÉ

---

193 — Petit cadre à vue ovale, en bois sculpté doré et ajouré : décor de tore de feuillage fleuri. Époque Louis XIII.

Ouverture. Haut., 16 cent.; larg., 13 cent.

194 — Cadre rectangulaire en bois sculpté et doré, avec parties ajourées ; moulure ornée de guirlandes de fleurs, feuillages et mascarons. Époque Louis XIII.

Ouverture. Haut., 31 cent.; larg., 21 cent.

195 — Cadre rectangulaire en bois sculpté doré ; moulure ornée de feuillage fleuri et petits nœuds de rubans. Époque Louis XIII.

Ouverture. Haut., 25 cent.; larg., 19 cent.

196 — Cadre rectangulaire en bois sculpté doré ; moulure ornée de palmettes. Époque Louis XIV.

Ouverture. Haut., 31 cent.; larg., 44 cent.

197 — Cadre rectangulaire, le côté supérieur cintré, en bois sculpté doré ; moulure ornée de rinceaux, culots et coquilles aux angles. Époque Louis XIV.

Ouverture. Haut., 33 cent.; larg., 25 cent.

198 — Cadre rectangulaire en bois sculpté doré : moulure ornée de rosaces et entrelacs. Époque Louis XIV.

Ouverture. Haut., 56 cent.; larg., 80 cent.

199 — CADRE RECTANGULAIRE en bois sculpté doré; moulure ornée de motifs courants avec coins et milieux à coquilles ou fleurons. Époque Louis XIV.

Ouverture. Haut., 20 cent. 1/2; larg., 30 cent.

200 — CADRE RECTANGULAIRE en bois sculpté doré; moulure ornée de rinceaux et feuillages. Époque de la Régence.

Ouverture. Haut., 30 cent.; larg., 43 cent.

201 — CADRE RECTANGULAIRE en bois sculpté doré: moulure ornée de rinceaux et coquilles. Époque de la Régence.

Ouverture. Haut., 31 cent.; larg., 25 cent.

202 — CADRE RECTANGULAIRE, le haut de forme mouvementée, en bois sculpté doré: moulure ornée de volutes et coquilles. Époque de la Régence.

Ouverture. Haut., 44 cent.; larg., 32 cent.

203 — CADRE RECTANGULAIRE en bois finement sculpté et doré; corps de moulure ornementé avec jeux de fond, milieux et coins à palmettes avec rosaces agrémentées de feuillages. Époque Régence.

Ouverture. Haut., 68 cent.; larg., 56 cent. 1/2.

204 — CADRE RECTANGULAIRE, en bois sculpté doré, fait de branches de laurier et palmes, avec coquilles, rocailles et fleurons aux coins et milieux. Époque Régence.

Ouverture. Haut., 38 cent. 1/2; larg., 55 cent.

205 — GLACE, dans un encadrement, en bois sculpté doré; le côté supérieur, de forme mouvementée, est couronné d'un fronton à large coquille, avec rinceaux, feuillages et chutes de fleurs. Époque Régence.

Haut., 1 m. 93; larg., 1 mètre.

206 — TRÈS BEAU CADRE, de forme oblongue, à vue contournée, en bois richement sculpté et doré, ornementé sur tout son développement de coquilles, rinceaux, palmettes, culots et torsades de fleurs. Époque de la Régence.

Ouverture. Haut., 87 cent.; larg., 68 cent.

207 — Remarquable cadre rectangulaire en bois sculpté et doré, très richement orné, sur le corps de la moulure, de rocailles et motifs divers, et aux angles de coquilles accompagnées de rinceaux ajourés. Époque de la Régence.

Ouverture. Haut., 90 cent.; larg., 76 cent.

208 — Cadre rectangulaire en bois sculpté doré: moulure avec coins, ornés de coquilles et feuillages. Époque Louis XV.

Ouverture. Haut., 28 cent.; larg., 38 cent.

209 — Petit cadre rectangulaire en bois sculpté doré, avec parties ajourées, et coins ornés de coquilles et feuillages. Époque Louis XV.

Ouverture. Haut., 13 cent.; larg., 26 cent.

210 — Petit miroir rectangulaire, dans un cadre en bois sculpté doré, orné de torsades de feuillages et de rocailles. Époque Louis XV.

Haut., 67 cent.; larg., 49 cent.

211 — Très beau cadre rectangulaire en travers, en bois finement sculpté, ajouré et doré: décor à rocailles, coquilles, rinceaux et torsades de fleurs. Époque Louis XV.

Ouverture. Haut., 35 cent.; larg., 46 cent.

212 — Cadre rectangulaire en bois sculpté doré: moulure avec parties ajourées, et orné d'attributs macabres. xviiie siècle.

Haut., 25 cent.; larg., 35 cent.

213 — Cadre rectangulaire, en bois sculpté doré, à crossettes et fronton, fait d'un cartouche aux trois fleurs de lis, avec palmes. Époque Louis XVI.

Ouverture. Haut., 22 cent; larg., 10 cent.

214 — Cadre rectangulaire en bois sculpté doré: moulure ornée de feuilles d'acanthe et fleurettes. Époque Louis XVI.

Ouverture. Haut., 40 cent.; larg., 53 cent.

215 — Cadre rectangulaire en bois sculpté doré: moulure ornée d'un enroulement de feuillage autour d'une baguette et d'un ruban. Époque Louis XVI.

Ouverture. Haut., 48 cent.; larg., 84 cent.

216 — CADRE RECTANGULAIRE en bois sculpté et doré; moulure ornée de perles et canaux. Époque Louis XVI.

Ouverture. Haut., 72 cent.; larg., 59 cent.

217 — CADRE RECTANGULAIRE en travers, à moulure de bois sculpté et doré ornée d'un ruban, de feuilles d'acanthe et d'une pirouette; il est surmonté d'un fronton fait d'un motif à armoiries soutenues par deux chevaux et surmontées d'une couronne fermée. Époque Louis XVI.

Ouverture. Haut., 33 cent. 1/2; larg., 39 cent.

218 — BEAU CADRE RECTANGULAIRE en hauteur, en bois sculpté doré, moulure à canaux, perle et feuille d'eau; surmonté d'un fronton fait d'un cartouche armorié aux trois fleurs de lis de France, avec palmes, branche de laurier, guirlandes et chutes de fleurs. Époque Louis XVI.

Ouverture. Haut., 72 cent. 1/2; larg., 54 cent. 1/2.

219 — TRÈS BEAU CADRE RECTANGULAIRE en hauteur, en bois sculpté doré, orné d'un fronton offrant un groupe de volatiles avec corne d'abondance et attributs; culot à la base, fait d'un trophée composé d'animaux, d'attributs et de feuillages. Époque Louis XVI.

Ouverture. Haut., 51 cent.; larg., 38 cent.

Objets d'Art & d'Ameublement

ORFÈVRERIE ANCIENNE

OUVRAGES EN OR

220 — Chocolatière, *avec lampe à esprit-de-vin, et petite cuillère*, le tout en *or*, du xviiie siècle.

a) La Chocolatière de forme simple, avec le couvercle, le col et la bouterolle du manche ornés de joncs coudés et en ondé, avec culots et fleurons sur amati. Manche droit en jaspe sanguin.

Haut. sans pied, 16 cent.

b) La Lampe a esprit-de-vin à quatre trous, avec manche en jaspe sanguin et trépied, est ornée de la même façon que la chocolatière.

Hauteur sur pied, 65 millim.
Diamètre de la lampe, 75 millim.

Poinçon de décharge et bas de l'A d'Étienne Baligny (1703-1713), sur la chocolatière; les autres poinçons sont effacés.

Les pièces d'orfèvrerie ancienne en or sont fort rares; celle-ci a été rapportée de Russie en France par un prince Kourakine.

c) On a joint à cette pièce une *petite cuillère* à filets également en or, faite en 1786.

Long., 118 mill.

Collection du baron J. Pichon (1878).
Collection de San Donato (1880).
Collection P. Eudel (1884).
Collection Lebeuf de Montgermont (1891).
Exposition rétrospective de l'Art Français (1900).

221 — Flacon a thé avec son bouchon, en *or*, de forme rectangulaire, avec angles coupés, décoré de moulures. Il est orné d'incrustations en nacre à sujets chinois. Le bouchon est surmonté d'une petite figurine de magot. XVIIIe siècle.

Haut., 13 cent.

222 — Couvert comprenant une cuillère, une fourchette et un couteau, en *or* fondu, ciselé et gravé; décor d'armoirie, et arabesques dans le goût de l'antique. Aux armes du prince de Talleyrand, gravées sur chacune des trois pièces qui sont renfermées dans un écrin en maroquin rouge, portant la vignette dorée de Biennais, Orfèvre, rue Saint-Honoré, n° 283 : ***Au Singe violet***, a Paris. (Biennais était l'orfèvre de l'Empereur.) Époque Empire.

Long., 20 cent. 1/2.

OUVRAGES EN VERMEIL

223 — Aiguière et son bassin de forme ovale, en vermeil. Le déversoir orné d'un mascaron de Neptune, et de roseaux; couvercle et base à godrons. Époque Louis XV.

Largeur du bassin, 34 cent.
Hauteur de l'aiguière, 24 cent.

224 — Couvert comprenant une cuillère et une fourchette en vermeil et écaille piquée et incrustée à décor de feuillages et arabesques. Époque de la Régence.

Long., 15 cent. 1/2.

225 — Écuelle a bouillon et son couvercle, sur un plateau, en vermeil. L'écuelle est à deux anses coquilles, ornées de roseaux. Le couvercle, surmonté d'un chou, est à décor de guirlandes avec médaillons, en gravure. Époque Régence.

Diam. de l'écuelle, 18 cent.

226 — Écuelle a bouillon, avec son couvercle et son plateau, en vermeil. L'écuelle est à deux oreilles ornées de feuillages et rocailles avec parties ajourées; les trois pièces sont à décor de festons fleuris, avec armoiries; sur le bouton du couvercle, un artichaut. Époque Louis XV.

Diam. de l'écuelle, 17 cent. 1/2.

227 — TIMBALE évasée de forme ovale à contours, avec piédouche, en vermeil. Décor de guirlandes de fleurs et feuillages. Base moulurée et ornementée. Époque Louis XV.

Haut., 11 cent. 1/2.

228 — SUCRIER, avec son couvercle et son plateau-présentoir, à deux anses, en vermeil. Décor à guirlandes de fleurs au marli et armoirie au centre du plateau. Le corps du sucrier est ajouré et repose sur quatre pieds-consoles, réunis par des guirlandes fleuries. Le bouton du couvercle fait d'un bouquet de roses. XVIIIe siècle.

Haut., 12 cent.
Largeur du plateau, 24 cent. 1/2.

Collection H. Chasles (1907).

229 — TIMBALE, de forme évasée, à piédouche, en vermeil. Elle est décorée de roseaux en relief et d'entrelacs en gravure. Vieux Paris. Époque Louis XVI.

Haut., 11 cent.

Collection H. Chasles (1907).

230 — GRANDE TIMBALE, de forme évasée, à piédouche en vermeil. Elle est très ornée en relief de médaillons ovales, offrant un monogramme ou des attributs de l'Amour: chutes de fleurs et nœuds, séparés par des touffes de roseaux. A la partie supérieure, guirlandes fleuries; base moulurée à entrelacs. Vieux Paris. Époque Louis XVI.

Haut., 13 cent.

Collection Demidoff.
Collection H. Chasles (1907).

231 — COUTEAU de table en vermeil, le manche ciselé, à décor de médaillons, attributs et lauriers. Époque Louis XVI.

232 — CAFETIÈRE en vermeil; elle repose sur trois pieds-griffes, déversoir à tête d'aigle, petite bordure à entrelacs. Époque Empire.

Haut., 32 cent.

233 — Paire de burettes et leur bassin, en vermeil, décor à guirlandes de vigne et bordure à palmettes. Dans l'écrin ancien. Époque Empire.

Haut., 19 cent.
Longueur du bassin, 31 cent.

234 — Déjeuner solitaire, en vermeil. Il se compose de : un plateau ovale à fond de glace, avec bordure ajourée, une tasse et son présentoir, une cafetière, une petite aiguière et un sucrier en cristal taillé. Commencement du XIXe siècle.

Longueur du plateau, 32 cent.

235 — Plateau à deux anses, en vermeil, de forme oblongue, à riche décor de rinceaux, coquilles, rocailles, etc. Au centre, médaillon ovale avec chiffres gravés surmontés de la couronne d'Angleterre. Ancienne orfèvrerie anglaise.

Long., 30 cent.; larg., 20 cent.

OUVRAGE EN POMPONNE

236 — Aiguière en *Pomponne* (métal plaqué d'argent) dorée; décor en relief de palmettes, arabesques et lambrequins; mascaron au bec, godrons en bordure, au couvercle et à la base. XVIIIe siècle.

Haut., 24 cent. 1/2.

Collection H. Chasles (1907).

OUVRAGES EN ARGENT

237 — Cafetière en argent. Elle repose sur trois pieds consoles à coquilles; panse polygonale, et décor de lambrequin à la partie supérieure, bec orné en gravure avec canaux. Époque Louis XIV.

Haut., 24 cent. 1/2.

Collection H. Chasles (1907).

238 — Aiguière couverte à anse en argent. Le bec orné d'un mascaron et de feuillages. Couvercle et base à bordure godronnée. Armoirie à double écusson, timbrée d'une couronne de comte. Époque Louis XIV.

Haut., 27 cent. 1/2.

Collection H. Chasles (1907).

239 — BOITE A ÉPICES en argent gravé. De forme oblongue et contournée, reposant sur quatre petits pieds consoles ornés de coquilles; couvercle et bouchon à bordure godronnée. Époque Louis XIV.

Long., 12 cent.

Exposition Centennale (1900).

240 — PAIRE DE FLAMBEAUX en argent ciselé, à base contournée. Décor fait d'oves, cannelures en spires, coquilles et sequins. Vieux Paris. Époque Régence.

Haut., 25 cent.

Exposition Centennale (1900).

241 — PAIRE DE FLAMBEAUX en argent ciselé. Riche décor de godrons, médaillons, rocailles, consoles, palmettes, guirlandes de fleurs. Vieux Paris. Époque Régence.

Haut., 27 cent.

242 — PAIRE DE FLAMBEAUX en argent ciselé à pans coupés. La base et le binet ornés de coquilles sur fond à écailles, la tige décorée de sequins. Époque Régence

Haut., 25 cent. 1/2.

Exposition Centennale (1900).

Reproduits dans *l'Orfèvrerie Française* par Henri Bouilhet. p. 73.

243 — ÉCUELLE A BOUILLON avec son couvercle et son plateau en argent ciselé et gravé. Les oreilles ornées de guirlandes et coquilles. Le plateau, de forme oblongue et contournée, offre une bordure à oves enrichie d'agrafes à coquilles. Vieux Paris. Époque Louis XV.

Diamètre de l'écuelle, 17 cent. 1/2.
Longueur du plateau, 31 cent.

244 — ÉCUELLE A BOUILLON avec son couvercle et son plateau en argent ciselé et gravé. Bordure à oves et oreilles ornées de rocailles; un artichaut forme le bouton du couvercle. Époque Louis XV.

Diam. de l'écuelle, 18 cent.

245 — Paire de flambeaux en argent ciselé. Base moulurée et contournée, à décor de godrons et feuillages, la tige enguirlandée de lauriers et le binet à godrons. Époque Louis XV.

Haut., 28 cent. 1/2.

246 — Porte-huilier en argent. En forme de bateau et décoré de rinceaux feuillagés, pampres de vigne et grappes de raisin. Les bouchons des burettes, en cristal taillé et doré, sont ornés d'olives et de raisins. Époque Louis XV.

Long., 27 cent. 1/2.

247 — Paire de salières en argent ciselé. De forme ovale et contournée à quatre pieds-consoles reliés par des guirlandes. Époque Louis XV.

Long., 82 millim.

Exposition Centennale (1900).
Reproduite dans *l'Orfèvrerie française,*
par Henri Bouilhet, p. 156.

248 — Deux timbales couvertes semblables en argent ciselé et gravé. De forme oblongue, contournée et évasée, à décor de fleurettes, palmettes et roseaux. Les couvercles sont surmontés d'un fruit. Époque Louis XV.

Haut., 13 cent. 1/2.

249 — Paire de flambeaux en argent ciselé. La base décorée de canaux et enguirlandée de lauriers, la tige agrémentée de feuillages, le binet à canaux. Vieux Paris. Époque fin Louis XV.

Haut., 29 cent. 1/2.

Collection Maillet du Boulay.
Exposition Centennale (1900).

250 — Timbale de forme évasée à piédouche en argent ciselé et gravé. Elle est ornée sur la panse, en relief, de touffes de roseaux alternant avec des ceps de vignes. A la partie supérieure, guirlandes en gravure. Base moulurée à entrelacs. Vieux Paris. xviiie siècle.

Haut., 13 cent.

Collection H. Chasles (1907).

251 — COMPOTIER carré creux en argent. A côtés cintrés, bordure à filets et écusson armorié, gravé au centre. Vieux Paris. XVIIIe siècle.

Côté, 25 cent.

252 — PETIT PLAT rond en argent. De forme contournée, bordure à baguettes liées avec petites feuilles. Armoiries gravées au marli. Vieux Paris. XVIIIe siècle.

Diam., 25 cent.

253 — PETIT PLAT ROND en argent. De forme contournée, à filets, et bordure à tore de laurier; le marli orné de fleurons et palmettes en gravure. Vieux Paris. XVIIIe siècle.

Diam., 25 cent.

254 — PAIRE DE SALIÈRES à double récipient en argent ciselé. Elles reposent sur quatre pieds-consoles reliés par des guirlandes et médaillons. Le bouton séparant les deux récipients est fait d'un fruit et de feuillages. Garniture en cristal taillé. Vieux Paris. XVIIIe siècle.

Haut., 9 cent.

Exposition Centennale (1900).

Reproduites dans *l'Orfèvrerie française,*
par L. Bouilhet, p. 249.

255 — PAIRE DE SALIÈRES en argent et garniture de cristal taillé. De forme rectangulaire, à angles coupés; décor de cartouches et feuillages, le couvercle orné de nervures et guirlandes. Vieux Paris. XVIIIe siècle.

Long., 9 cent.

256 — PORTE-MOUTARDIER sur plateau, en argent. De forme contournée à deux oreillettes coquilles avec récipients ajourés. XVIIIe siècle.

Long., 25 cent.

Il est muni d'un pot à moutarde couvert, en verre gravé et doré, avec sa cuillère en argent.

257 — PAIRE DE SALIÈRES en argent ciselé. De forme ovale à décor de guirlandes et chutes de fruits. Époque Louis XVI.

Long., 7 cent.

258 — DEUX MOUTARDIERS couverts, forme tonnelet, en ancienne porcelaine tendre blanche, de Mennecy-Villeroi, à relief de fleurs. Couvercles en argent ciselé formés d'un feuillage continuant l'ornementation de la porcelaine. Époque Louis XVI.

Haut., 7 cent. 1/2.

Collection du Baron J. Pichon.

259 — SOUPIÈRE avec son couvercle et son plateau, en argent. De forme ovale, à deux anses ornées de feuillages de chêne; le bouton du couvercle fait d'une pomme de pin. Fin du XVIIIe siècle.

Hauteur, 32 cent.
Longueur, 41 cent.
Longueur du plateau, 47 cent.

260 — FLAMBEAU à tige et base de forme carrée; le binet fait d'un vase enguirlandé. Orfèvrerie anglaise de la fin du XVIIIe siècle.

Haut., 20 cent. 1/2.

261 — PAIRE DE MOUTARDIERS couverts à anse, sur plateaux adhérents circulaires en argent ciselé. Décor à palmettes, frise de dauphins, feuillages, canaux. Époque Empire.

Haut., 14 cent. 1/2.

SCULPTURES

EN MARBRE, TERRE CUITE, BRONZE & MATIÈRES DURES

PAJOU
(AUGUSTIN)
Paris, 1730-1809.

262 — ***Jean-François Ducis***, poète tragique. « *L'un des quarante de l'Académie Françoise, secrétaire ordinaire de Monsieur, Frère du Roi.* »

Buste en terre cuite.

Sur le piédouche carré, en marbre blanc, on lit, de face, gravée, l'inscription ci-dessus, et, sur le côté droit, gravée également, la signature : *Par Pajou, Sculpteur du Roi — 1779.*

Haut., 77 cent.

Salon de 1779.
Exposition des Amis de Bagatelle.
Exposition des Cent Pastels (1908), n° 139.
Indiqué par erreur en marbre.

PAJOU
(AUGUSTIN)

263 — ***Un Parlementaire.***

Buste en marbre blanc, sur piédouche de même matière. Signé au revers : *Pajou F., 1788.*

Ce buste, connu sous la désignation ci-dessus, est celui de *L. Thiroux de Crosne* (1736-1794), intendant de Rouen en 1767, intendant de Lorraine en 1775, lieutenant général de police en 1785, guillotiné pendant la Terreur.

Le plâtre original de Pajou figurait au Salon de 1787.

Haut., 78 cent.

Exposition Centennale (1900).
Exposition des Amis de Bagatelle.
Exposition des Cent Pastels (1908), n° 138.

GLACHANT

Paris, XVIIIe siècle.

264 — *Louis XVI* et *Marie-Antoinette.*

Deux bustes, sur piédouches et socles fûts de colonnes, en matières dures de différentes natures : agate, jaspe, porphyre, etc.

Les bustes portent gravées la signature et les dates : *1774* et *1775*.

Remarquable travail de gravure sur pierre fine.

Haut., 23 cent. 1/2.

Exposition Centennale (1900).

---

265 — Deux statuettes en bronze à patine brune, faisant pendants, représentant ***Mars*** et ***Vénus***. Époque Louis XIV. Socles en bronze mouluré, ciselé et doré.

Haut., 25 cent.

Vente Miallet.

266 — Grande figure en bronze, représentant une allégorie du fleuve *Nil*, sous les traits d'un homme barbu, couché, tenant dans son bras gauche une corne d'abondance et s'appuyant sur un sphinx. Patine brune. XVIIIe siècle.

Il repose sur un socle rectangulaire, orné de bronzes de style Louis XIV.

Long. du bronze, 50 cent.; larg., 21 cent.

Exposition Centennale (1900).

267 — Deux groupes en bronze patiné : *Enfants chinois*, dans le goût de Le Prince. Ils reposent sur des terrasses à rocailles, coquilles et feuillages en bronze ciselé et doré. Époque Louis XV.

Haut., 16 cent.

268 — Médaillon ovale en bronze patiné. Portrait présumé de *Mme Roland*, en profil médaille. Cadre en bronze mouluré, ciselé et doré. Fin du XVIIIe siècle.

Haut., 19 cent.; larg., 16 cent.

OBJETS VARIÉS

269 — ÉTRIER en bois, richement orné de bronzes ciselés et dorés. XVIIIe siècle.

Long., 23 cent.

270 — SOCLE de forme contournée en bois sculpté peint et doré à motifs de rocailles et feuillages, muni d'un tiroir. Époque Louis XV.

Long., 30 cent.; larg., 20 cent.

271 — PETIT MODÈLE DE BALCON en fer forgé, à décor de rinceaux feuillagés et cartel avec monogramme.

Long., 62 cent.; haut., 19 cent.

Exposition des Amis de Bagatelle.

272 — CHRIST en buis sculpté, dans un cadre en bois sculpté et doré. XVIIe siècle.

Haut., 69 cent.; larg., 48 cent.

273 — COUPE couverte simulant une fleur de lotus, en bois laqué dans le goût chinois. Sur le dessus du couvercle, statuette d'enfant chinois sur une rosace ; base à rocailles et feuillages en bronze ciselé et doré. Époque Louis XV.

Haut., 31 cent.; diam., 26 cent.

274 — PETIT THERMOMÈTRE en soie et application d'ivoire sculpté, dans un petit cadre ancien à fronton, en bois sculpté doré, avec attributs des sciences. Époque Louis XVI.

Haut., 25 cent.

275 — BAROMÈTRE à mercure en bois sculpté partiellement doré. Le cadran, en forme de médaillon à culot de feuillage, est suspendu par un nœud de rubans avec chutes de cordons à glands. Époque Louis XVI.

Haut., 1 m. 10.

Exposition des Amis de Bagatelle.

276 — DEUX BAS-RELIEFS de forme rectangulaire en ancien biscuit de Sèvres : bas-reliefs en blanc sur fond bleu : *Amours découverts — Nymphes surprises*. Époque Louis XVI.

Haut., 13 cent. 1/2 ; long., 23 cent.

277 — COUPE en forme de corbeille, entre deux figurines d'enfants chinois dans le goût de Le Prince. Ancienne faïence fine de Lorraine émaillée en blanc.

Haut., 16 cent.; larg., 24 cent.

278 — DEUX GRANDES STATUETTES, en ancienne porcelaine tendre de Chantilly, émaillée en blanc. *Homme* et *femme* portant une hotte.

Haut., 28 cent. 1/2.

279 — PAIRE DE CACHEPOTS jardinières en tôle émaillée en imitation de laque ; décor chinois à fond noir. Époque Louis XV.

Haut., 19 cent.

280 — PAIRE DE CACHEPOTS jardinières à deux anses, en tôle émaillée : décor à paysage chinois avec ballon, en imitation de laque à fond clair. Époque Louis XV.

Haut., 16 cent.

281 — PAIRE DE RAFRAICHISSOIRS, de forme ovale, en tôle émaillée en imitation de laque ; décor chinois à fond noir et rehauts d'or. Époque Louis XV.

Long., 27 cent.

282 — PAIRE DE SEAUX cylindriques en cuivre laqué noir, décor à rehauts d'or dans le goût chinois. Ils sont munis de deux anses à mascarons, avec poignées mobiles en bronze doré. Époque Louis XIV.

Haut., 17 cent.

283 — FONTAINE en marbre brèche d'Alep. La vasque, en forme de coquille, repose sur une console de face et deux autres en profil-applique, et reçoit l'eau d'un mascaron à tête de femme. Époque Régence.

Haut., 1 m. 50 environ.

Exposition des Amis de Bagatelle.

PORCELAINES MONTÉES

EN BRONZE OU ARGENT

284 — Pot a thé cylindrique, couvert, en ancienne porcelaine de Chine, décoré en émaux de couleurs : personnages dans des pagodes ; bordures à petits médaillons sur fond piqué. Petite monture ancienne en argent mouluré et gravé d'époque Louis XIV.

Haut., 16 cent.

285 — Pot couvert en ancienne porcelaine tendre de Chantilly ; décor en couleurs dans le goût coréen : fleurs et papillons. Petite monture en argent mouluré et gravé. Époque Louis XV.

Haut., 13 cent. 1/2.

286 — Pot couvert en ancienne porcelaine tendre blanche de Mennecy ou Saint-Cloud, ornée de branches fleuries en relief. Petite monture en vermeil à ornements gravés. Époque Louis XV.

Haut., 17 cent.

287 — Vase couvert de forme ovoïde en ancienne porcelaine de Saxe ; décor à paysages maritimes animés de nombreux personnages, encadrés d'arabesques et de fleurs. Monture ancienne en bronze ciselé et doré, formant brûle-parfum à deux anses, collerette ajourée avec base à godrons. Époque Louis XV.

Haut., 19 cent.

288 — Paire de vases en cristal taillé. Monture en bronze finement ciselé et doré, à deux anses formées par des torsades de laurier, culot de feuillages ; piédouche et collerette moulurés et ornés. Époque Louis XVI.

Haut., 22 cent.

289 — Vase de forme ovale en ancienne porcelaine de Sèvres simulant le lapis. Monture en bronze finement ciselé et doré à deux anses torsades, culot de feuillages et piédouche. Socle rectangulaire en marbre blanc, orné d'un rang de perles. Époque Louis XVI.

Haut., 27 cent. 1/2; larg., 31 cent.

Exposition des Amis de Bagatelle.

290 — Buire formée d'une bouteille en ancien céladon craquelé de Chine. Monture en bronze ciselé et doré à bec, anse et base faits de rinceaux feuillagés, coquilles, etc. Époque Louis XV.

Haut., 28 cent.

291 — Paire de vases à côtes et deux anses chimères en ancien céladon de Chine, bleu lavande. Montures faites d'un col et d'une terrasse à rocailles en bronze ciselé et doré. Époque Louis XV.

Haut., 31 cent. 1/2.

292 — Paire de vases en ancien céladon de Chine à fleurs sur fond vert pomme. Montures en bronze ciselé et doré comprenant deux anses grecques avec têtes de béliers reliées par des guirlandes, et piédouche à feuilles de laurier. Époque Louis XVI.

Haut., 26 cent. 1/2.

BRONZES D'AMEUBLEMENT

PENDULES, CANDÉLABRES, FLAMBEAUX CHENETS, ETC.

293 — Pendule-cartel d'applique en bronze ciselé et doré. Le cadran occupe le centre d'un cartouche à rocailles et branchages fleuris, couronné d'un groupe figurant : *Hercule terrassant l'Hydre*. A la base, statuette de l'Amour. Époque de la Régence.

Haut., 75 cent.

Exposition des Amis de Bagatelle.

294 — Paire de flambeaux à deux branches porte-lumières, en bronze ciselé et doré, à décor de rinceaux feuillagés. Époque Louis XV

Haut., 21 cent.

295 — Paire de flambeaux en bronze ciselé et doré, à riche décor de rocailles sur base contournée ; modèle de Meissonier. Époque Louis XV.

Haut., 24 cent. 1/2.

Vente Lebeuf de Montgermont (1891).

296 — Petite lanterne à cinq faces, en bronze doré, ornée de branchages décorés de fleurs et fleurettes en ancienne porcelaine au naturel. Époque Louis XV.

Haut., 45 cent.

297 — Paire de petits bras-appliques à deux lumières, en bronze doré, à rocailles et feuillages décorés de fleurs et fleurettes en ancienne porcelaine au naturel. Époque Louis XV.

Haut., 34 cent.

298 — Paire de feux ou chenets en bronze ciselé et doré : Amours musiciens, assis sur des rocailles et rinceaux ornés de branchages et feuillages fleuris. Époque Louis XV.

Haut., 37 cent.

299 — Paire de petits bras-appliques à une seule lumière, en bronze ciselé et doré ; modèle à lyre. xviiie siècle.

Haut., 21 cent.

300 — Paire de flambeaux-cassolettes, formés chacun d'un vase en marbre blanc, orné de bronzes dorés reposant sur un socle en marbre noir. Époque Louis XVI.

Haut., 26 cent.

301 — Paire de flambeaux, bouts de table, à deux lumières, en bronze ciselé et doré ; fût cannelé, têtes de béliers ; couronnement fait d'un vase à bas-relief. Époque Louis XVI.

Haut., 27 cent.

302 — Paire de candélabres à quatre lumières, en bronze patiné et doré. Ils sont formés chacun d'une statuette de femme debout, drapée à l'antique, portant un bouquet fait de quatre rinceaux porte-lumières, avec couronne de roses, et reposant sur un socle cylindrique en marbre vert veiné mouluré de bronze. Époque Louis XVI.

Haut., 69 cent.

303 — Paire de beaux et importants feux, ou chenets, en bronze ciselé et doré. Modèle à vases-cassolettes à trépied sur socles et galeries ornementées se terminant en pommes de pin. Époque Louis XVI.

Haut. et long., 45 cent.

Exposition des Amis de Bagatelle.

304 — Pendule en forme de rocher sur lequel est une figure de femme assise, symbolisant une *Source*, en marbre blanc sculpté, attribuée à Falconet. Socle mouluré de même matière, orné d'une frise : Jeux d'amours, en bronze ciselé et doré. Époque Louis XVI.

Haut. et larg., 40 cent.

305 — Paire de buires en bronze patiné et bronze doré; chacune d'elles est munie d'une anse, formée d'une statuette d'Amour, et repose sur un piédouche, avec socle de base. Fin du XVIIIe siècle.

Haut., 40 cent.

306 — Paire d'importants candélabres à trois lumières, en bronze patiné et bronze doré. Ils sont formés chacun par une statuette de femme debout, vêtue à l'antique, portant un flambeau autour duquel s'enroulent deux serpents porte-lumières et reposant sur un socle cylindrique à moulures, orné de mascarons et de guirlandes. Fin de l'époque Louis XVI.

Haut., 83 cent.

307 — Pendule en marbre blanc et bronze ciselé et doré. Le mouvement, avec son cadran, occupe la proue d'un navire, cantonnée de deux figures de femmes symbolisant *l'Angleterre* et *l'Amérique* échangeant les rameaux de la Paix. Attributs divers et inscriptions : *Libertas;* et, dans un cartouche, sur le socle : A. S. MDCCLXXXII (1782).

Curieuse pendule, dont le modèle fut composé et exécuté en commémoration de la proclamation de *l'Indépendance des États-Unis d'Amérique*. Époque Louis XVI.

Haut., 41 cent.; larg., 31 cent.

Exposition Centennale (1900).

308 — Milieu de surtout en bronze ciselé et doré, formé d'un groupe de trois figures de femmes drapées, portant une corbeille, sur socle cylindrique, orné, en bas-relief, d'amours tenant des guirlandes. Modèle dessiné par Prud'hon et exécuté par *Thomire, à Paris*, ainsi que l'indique l'estampille du maître bronzier, gravée sur le socle de base. Époque Empire.

Haut., 55 cent.

MEUBLES EN BOIS SCULPTÉ

309 — Grande armoire en chêne finement sculpté et ciré. De forme droite, à coins arrondis, coiffée d'une corniche moulurée. Elle s'ouvre à deux portes, offrant chacune trois compartiments, dont un à médaillon central ovale, décorés de coquilles, rosaces, écoinçons et feuillages.

Remarquable travail parisien du temps de la Régence.

Haut., 2 m. 90; larg., 1 m. 70.

310 — Grand buffet à deux corps, en chêne finement sculpté et ciré. La partie basse, de forme cintrée, avec pans coupés, s'ouvre à deux portes rectangulaires, ornées chacune d'un panneau à rosace centrale et écoinçons. Sur un dessus de marbre repose le corps supérieur de forme droite, muni de

deux portes dont les panneaux, cintrés en haut, offrent un riche décor de rosaces, culs-de-lampes et rinceaux. Aux angles, pilastres ornés surmontés d'une console, et couronnement fait d'un fronton cintré et brisé, au centre duquel est un mascaron d'homme barbu.

Remarquable travail parisien du temps de la Régence.

Haut., 3 mètres environ; larg. max., 1 m. 70.

Provient du Château de Choisy-le-Roi.

311 — Console rectangulaire, en chêne sculpté naturel, richement ornée à la ceinture d'un mascaron, au centre d'un cartel accompagné de rinceaux fleuris, et reposant sur quatre pieds à volutes, réunis à leur base par un croisillon, supportant en son milieu un vase ornementé. Dessus de marbre. Époque de la Régence.

Haut., 83 cent.; long., 1 m. 30; larg., 68 cent.

312 — Paire de gaines-supports, de forme carrée, à quatre faces, en chêne sculpté et ciré; décor de quadrillé, culs-de-lampe et rinceaux. En partie du temps de la Régence.

Haut., 1 m. 45.

313 — Console en bois sculpté et doré, à quatre pieds cambrés; décor de rocailles feuillagées avec parties ajourées. Dessus de marbre. Époque de la Régence.

Long., 1 mètre; larg., 53 cent.

314 — Remarquable console en bois sculpté ajouré; de forme mouvementée, à quatre pieds, réunis à leur base par un croisillon orné d'un ample motif cul-de-lampe; elle offre un riche décor de rocailles, feuillages et rinceaux dans lesquels se mêlent des animaux divers. Dessus de marbre rouge. Première moitié du XVIIIe siècle.

Haut., 91 cent; long., 1 m. 60.

Exposition Centennale (1900).

315 — Petite console en bois sculpté doré, à deux pieds réunis à leur base. De forme mouvementée à décor de rocailles, feuillages et rinceaux. Dessus de marbre. Époque Louis XV.

Haut., 84 ; larg., 70 cent.

316 — Petite console rectangulaire en bois sculpté peint. Elle est ornée, à la ceinture, de rinceaux de roses, et repose sur deux pieds fuselés et cannelés, à chapiteaux d'ordre ionique, réunis à leur base par une traverse portant en son milieu un vase enguirlandé. Dessus de marbre. Époque Louis XVI.

Haut., 88 cent.; larg., 92 cent.

317 — Beau lit en bois finement sculpté, peint en gris et très richement orné, sur les montants et traverses, de piastres, rosaces et entrelacs ; les deux têtes sont de forme contournée à tore de feuillages et couronne de fleurs. Sur les pieds postérieurs, sont deux colonnes portant le ciel de lit, de forme cintrée à moulure ornée d'oves et de feuilles d'acanthe, enrichi au milieu d'un trophée à lyre enguirlandé de fleurs. Époque Louis XVI.

Long., 2 mètres ; larg., 1 m. 10 ; hauteur totale, 3 m. 30 environ.

MEUBLES D'ÉBÉNISTERIE

318 — Grande commode ou meuble d'entre-deux, de forme mouvementée avec côtés fuyants, en marqueterie de bois de placage. Elle s'ouvre à deux tiroirs de face et repose sur quatre pieds élevés et cambrés. Riche décor de bronzes ciselés : baguettes d'encadrements, entrées de serrures à mascarons, poignées de tirage, chutes, sabots et rinceaux. Dessus de marbre brèche d'Alep. Époque de la Régence.

Haut., 87 cent.; long., 1 m. 50.

319 — Table-bureau plat, de forme contournée, à quatre pieds cambrés, en marqueterie de bois de placage à carrelages losangés, ornée de bronzes ciselés et dorés : ceinture, chutes, sabots, rinceaux. Dessus de cuir. Époque Louis XV.

Long., 1 m. 45 ; larg., 79 cent.

320 — Régulateur, de forme contournée, en marqueterie de bois de placage, à décor de trophées d'instruments de musique sur la face, et damiers sur les côtés. Il est orné de bronzes ciselés et dorés, se composant de rinceaux feuillagés, guirlandes, volutes et cartouches. Le cadran porte la marque de *Julien Le Roy, à Paris*. Époque Louis XV.

Haut., 2 m. 15.

321 — Paire de meubles-encoignures, de forme mouvementée, en bois noir, s'ouvrant à deux portes faites d'ancienne laque de Coromandel, à décor de personnages chinois occupés à des jeux divers dans des intérieurs. Riche ornementation de bronzes ciselés et dorés, formant encadrements, composés de baguettes à rinceaux et rocailles, culots de feuillages et autres motifs ; chutes et agrafes aux angles. Dessus de marbre brocatelle. Ces deux beaux meubles portent l'estampille d'un maître ébéniste de l'époque Louis XV, à qui l'on doit des ouvrages remarquables, et qui marquait ses œuvres des quatre initiales : B. V. R. B. Époque Louis XV.

Haut., 91 cent. ; larg., 86 cent.

Collection L. Double.

322 — Grand bureau, ouvrant à cylindre, sur quatre pieds cambrés, en marqueterie de bois de placage. Il est à quatre faces, de forme mouvementée, et muni de tiroirs. Garniture de bronzes dorés et galerie ajourée en cuivre sur le dessus. Fin de l'époque Louis XV.

Haut., 1 m. 25 ; long., 1 m. 60 ; larg., 90 cent.

Vente P. Eudel.

323 — Petite table-bureau de dame, de forme contournée sur quatre pieds cambrés, s'ouvrant à tiroir latéral, en bois de placage et marqueterie de bois debout, sur le dessus, à fleurs et rinceaux. Époque Louis XV.

Long., 76 cent.; larg., 48 cent.

324 — Meuble d'entre-deux, à hauteur d'appui, ouvrant à abattant et deux portes, de forme droite avec côtés fuyants, en marqueterie de bois de couleur à branchages fleuris et oiseaux. Entrée de serrure et rosaces en bronze ciselé et doré. Dessus de marbre brèche d'Alep. Il porte l'estampille du maître ébéniste : *J.-B. Hédouin* (rue Traversière St Antoine, reçu maître le 22 mai 1738). Époque fin Louis XV.

Haut., 1 m. 15; long., 1 m. 45.

325 — Secrétaire de forme droite avec angles coupés, en marqueterie de bois debout à branchages fleuris sur fond de bois de rose et satiné. Il est richement orné de bronzes ciselés et dorés : chutes à feuilles d'acanthe, frise, encadrements à rosaces et cul-de-lampe. Dessus de marbre brèche, reposant sur une gorge en cuivre mouluré. Il porte l'estampille d'un maître-ébéniste du temps de Louis XV, auteur de meubles estimés et, qui marquait ses ouvrages des lettres : R. V. L. C. Époque fin Louis XV.

Haut., 1 m. 37; larg., 86 cent.

326 — Table-servante glacière, de forme contournée, en acajou, reposant sur quatre pieds réunis par deux tablettes. Le dessus, muni d'un tiroir, est percé de quatre cavités dont deux sont garnies de seaux à glace en métal argenté. XVIIIe siècle.

Haut., 77 cent.; larg., 63 et 50 cent,

327 — Console d'entre-deux, forme demi-lune, en acajou. Elle repose sur quatre pieds cannelés et s'ouvre à deux rangs de tiroirs ornés de moulures de cuivre. Dessus de marbre blanc. Époque Louis XVI.

Haut., 87 cent; larg , 1 m. 45.

328 — Petite table ovale, en acajou, avec tablette d'entrejambe ornée d'une galerie ajourée en cuivre. Le dessus offre, sous verre, une *Vue du Palais-Royal prise du fond du jardin, exécutée sur le tour par* Compigné, *tablettier du Roy.* Elle porte l'estampille du maître ébéniste *G. M. Cramer* (rue du Bac, reçu maître le 4 septembre 1771). Époque Louis XVI.

Haut., 73 cent.; long., 58 cent.

329 — Petite table-liseuse à pupitre de forme rectangulaire, avec écran mobile et flambeau sur le côté. Elle est en acajou avec tablette d'entrejambe et galerie ajourée en cuivre. Époque Louis XVI.

Haut., 75 cent.; larg., 52 cent.

Exposition des Amis de Bagatelle.

330 — Très petit guéridon en acajou, avec support médian garni de trois flacons. Époque Louis XVI.

Haut., 72 cent.

331 — Console d'encoignure en acajou s'ouvrant à tiroir avec tablette d'entrejambe, garnie de bronzes : chutes, moulures ornées, anneau de tirage, galeries ajourées. Dessus de marbre blanc. Époque Louis XVI.

Haut., 90 cent.; larg., 72 cent.

332 — Table de forme ovale, ouvrant à tiroir, reposant sur quatre pieds carrés en gaines ; marqueterie de bois de couleur. Chippendale ; fin du xviiie siècle.

Long., 1 m. 05; larg., 70 cent.

SIÈGES DIVERS

333 — Grand fauteuil en bois sculpté ciré, à croisillon réunissant les pieds; décor de rosaces, palmettes, rinceaux et quadrillés. Époque Louis XIV. Garniture de cuir.

334 — Fauteuil à haut dossier, en bois finement sculpté et doré, à croisillon réunissant les pieds; décor de coquilles, palmettes et feuillages. Époque Louis XIV.

335 — Grand fauteuil en bois sculpté, à riche décor de rosaces, rinceaux feuillagés, coquilles. Époque Louis XV. Garniture de velours rouge.

336 — Chaise-longue de forme contournée, à six pieds, en bois sculpté ciré; décor à feuillages et rocailles. Époque Louis XV. Garniture de velours rayé.

Long., 1 m. 90.

337 — Deux chaises cannées, à dossier mouvementé et pieds cambrés en bois sculpté peint, ornées de feuillages et fleurs. Elles portent l'estampille : *I. C. Heneaux*. Époque Louis XV.

338 — Bergère de forme contournée, en bois sculpté, peint en gris ; décor de feuillages et fleurs. Estampille de *J. Nadal* (rue de Cléry). Époque Louis XV. Elle est recouverte et munie d'un coussin en velours épinglé.

339 — Fauteuil en bois, très finement sculpté et ciré, à quatre pieds-consoles; le dossier de forme contournée, les bras-accotoirs terminés en volutes. Fin de l'époque Louis XV. Garniture de soie brochée à fond rouge.

340 — Fauteuil à dossier médaillon en bois très finement sculpté et peint, orné de feuilles, piastres, rosaces, etc. Époque Louis XVI. Garniture de velours.

341 — Fauteuil de bureau à siège tournant, en acajou très finement sculpté et ciré. Riche décor de colonnettes à panaches, feuilles d'acanthe, piastres, feuilles d'eau, perles et rosaces. Époque Louis XVI. Il est recouvert de satin rouge broché à fleurs.

Exposition des Amis de Bagatelle.

342 — Fauteuil en acajou sculpté et ciré; le dossier ajouré offre, entre deux colonnettes, un motif composé de deux arcs affrontés et carquois. Pieds cannelés en gaines, accotoirs à balustres. Époque Louis XVI.

343 — Quatre chaises en bois sculpté et peint; le dossier ajouré figure un ballon. Époque Louis XVI. Garniture de soie brochée.

344 — Petit fauteuil pliant en fer poli, muni de poignées, et orné de médaillons et griffes en bronze doré. Garniture de lampas à décor blanc sur fond bleu. Époque Empire.

AMEUBLEMENTS DE SALON

ÉCRAN

RECOUVERTS EN ANCIENNE TAPISSERIE

345 — Important ameublement de salon, en bois sculpté ciré, comprenant *un grand canapé à joues et six grands fauteuils* du temps de Louis XIV, recouvert en ancienne tapisserie fine de la même époque. Les sièges, ainsi que les dossiers offrent un somptueux décor de fleurs variées : pavots, pivoines, roses, etc., avec leur feuillage; des oiseaux animent la composition. Très bel état de conservation. Époque Louis XIV.

Longueur du canapé, 2 mètres.
Largeur d'un fauteuil, 73 cent.

346 — Ameublement de petit salon en acajou, finement sculpté et ciré, se composant d'un canapé et trois chaises. Il est recouvert aux sièges et dossiers d'ancienne et très fine tapisserie de la fin du XVIIIe siècle, dont la composition, offrant, sur fond rouge, une réunion de vases, cassolettes, buires et autres accessoires enguirlandés de fleurs, peut être attribuée à *Clodion*.

Longueur du canapé, 1 m. 60.

347 — ÉCRAN en bois sculpté doré, de style Louis XVI, muni d'une feuille en ancienne tapisserie fine d'Aubusson, de l'époque de Louis XVI, représentant un sujet bien connu de Fragonard, *le Verrou,* dans un encadrement à lambrequin et guirlandes fleuries en couleur, sur fond havane.

Haut., 80 cent.; larg., 58 cent.

TABLEAUX

EN ANCIENNE TAPISSERIE OU SAVONNERIE

PORTRAITS, FLEURS

348 — TABLEAU RECTANGULAIRE en ancienne SAVONNERIE DES GOBELINS, du XVIIIe siècle, représentant le

PORTRAIT DE JOSEPH II

Empereur d'Allemagne (fils de Marie-Thérèse d'Autriche et frère de la Reine Marie-Antoinette), d'après une peinture de *Joseph Ducreux,* ayant figuré au Salon de 1773.

Ce tableau a dû être exécuté par *Duvivier fils,* en 1777. (Voir *État général des Tapisseries des Gobelins,* par M. Fenaille, XVIIIe siècle, 2e partie, p. 325.)

Haut., 68 cent.; larg., 57 cent.

Cadre ancien Louis XV, en bois sculpté doré.

Exposition des Amis de Bagatelle.

349 — TABLEAU RECTANGULAIRE en ancienne et très fine tapisserie de la MANUFACTURE ROYALE DES GOBELINS, de la fin du XVIIIe siècle, représentant le

PORTRAIT DE GUSTAVE III

Roi de Suède, **d'après une peinture de Gustave Lundberg.**

Ce portrait a dû être exécuté aux Gobelins, par *Cozette,* à l'occasion du voyage de Gustave III à Paris, en 1784.

Dans les collections royales de Suède existent deux portraits du même personnage, l'un en tapisserie ne portant comme celui-ci ni marque, ni signature (haut., 77 cent.; larg., 62 cent.), l'autre en Savonnerie (haut., 74 cent.; larg., 56 cent). (Voir le même ouvrage cité au numéro précédent.)

Haut., 75 cent.; larg., 57 cent.

Beau cadre ancien du temps de la Régence, en bois sculpté et doré, orné de fleurs de lis aux quatre angles.

350 — TABLEAU RECTANGULAIRE en ancien velours de la SAVONNERIE du temps de Louis XIV, représentant un

VASE DE FLEURS

reposant sur une console et s'enlevant sur fond brun, d'après Baptiste Monnoyer.

Sur le marbre de la console, se voit, tissée, la marque suivante : VL · GLF.

Haut., 96 cent.; larg., 70 cent.

Beau cadre ancien Louis XIV, en bois sculpté et doré, très richement ornementé.

www.ingramcontent.com/pod-product-compliance
Ingram Content Group UK Ltd.
Pitfield, Milton Keynes, MK11 3LW, UK
UKHW020335180726
13839UKWH00002B/724